O cinema
e a crítica de
Jairo Ferreira

CONSELHO EDITORIAL
Ana Paula Torres Megiani
Eunice Ostrensky
Haroldo Ceravolo Sereza
Joana Monteleone
Maria Luiza Ferreira de Oliveira
Ruy Braga

Renato Coelho

O cinema
e a crítica de
Jairo Ferreira

Copyright © 2015 Renato Coelho

Grafia atualizada segundo o Acordo Ortográfico da Língua Portuguesa de 1990, que entrou em vigor no Brasil em 2009.

EDIÇÃO: Haroldo Ceravolo Sereza
EDITOR ASSISTENTE: João Paulo Putini
PROJETO GRÁFICO, CAPA E DIAGRAMAÇÃO: Gabriel Patez Silva
ASSISTENTE DE PRODUÇÃO: Maiara Heleodoro dos Passos
ASSISTENTE ACADÊMICA: Bruna Marques
REVISÃO: Patrícia Jatobá U. de Oliveira
CAPA: Ilustração de Luiz Rosemberg Filho
Este livro foi publicado com o apoio da FAPESP.

CIP-BRASIL. CATALOGAÇÃO NA PUBLICAÇÃO
SINDICATO NACIONAL DOS EDITORES DE LIVROS, RJ

P22C

Coelho, Renato
O CINEMA E A CRÍTICA DE JAIRO FERREIRA
Renato Coelho Pannacci. - 1. ed.
São Paulo: Alameda, 2015
252 p.; 21 cm

Inclui bibliografia
ISBN 978-85-7939-311-2

1. Cinema - História e crítica. 2. Indústria cinematográfica. I. Título.

15-19329   CDD: 791.43
            CDU: 791

ALAMEDA CASA EDITORIAL
Rua 13 de Maio, 353 – Bela Vista
CEP 01327-000 – São Paulo, SP
Tel. (11) 3012-2403
www.alamedaeditorial.com.br

Índice

Prefácio 7

Introdução 13

Capítulo I. A trajetória de Jairo Ferreira 19

Capítulo II. Jairo Ferreira: crítico de cinema 41
- *São Paulo Shimbun*, coluna *Cinema* 43
- Os anos na *Folha de S. Paulo* 60

Capítulo III. Os Filmes de Jairo Ferreira 79
- O guru e os guris 81
- Ecos Caóticos 88
- O ataque das araras 93
- O Vampiro da Cinemateca 99
- Antes que eu me esqueça 120
- Horror Palace Hotel 123
- Nem verdade nem mentira 131
- O Insigne Ficante 138
- As aventuras de Raul Seixas na Cidade de Toth 154

Capítulo IV. Cinema de Invenção 159

Jairo Ferreira, música da luz 179

Bibliografia 185

Anexos 197
A. Filmografia de Jairo Ferreira 199
B. Bibliografia de Jairo Ferreira 212
C. Artigos e críticas de Jairo Ferreira 213

Caderno de imagens 235

Agradecimentos 247

Prefácio

"O cinema e a crítica de Jairo Ferreira"

para a doce e ousada Priscyla Bettim

Jairo Ferreira foi o inventor de uma jovem crítica equivalente a Leminski na poesia, a Oswald de Andrade no teatro e a Tom Zé e Macalé na MPB. Foi poeta, cineasta, escritor, amigão e anarquista, graças a deus! Renato Coelho o conhece alguns anos depois de sua morte, e o analisa em seu livro-tese brilhantemente como um pensador enfurecido e solar da modernidade. Um experimentador de desconexões linguísticas na crítica cinematográfica. Uma identidade incômoda para um tempo de boçais na política e na cultura. E convenhamos que mudou muito pouca coisa! Não se tortura mais fisicamente, mas subjetivamente! No cinema só filmam os idiotas, lambedores e puxa-sacos da burocracia, do poder, do sistema patronal repressivo, da TV e do capital sem mexer na nociva e delinquente ocupação de todos os nossos espaços. Hollywood aqui mama e manda! Claro, uma ocupação ideológica exatamente igual as tantas ladainhas religiosas na TV! E a imitação não vem de lá? O resto fica a deriva. E isso também não é uma forma truculenta de tortura e censura? Antes política. Agora política, ideológica, partidária e econômica. Basta ver a fuça dos burocratas que atuam na cultura do país: verdadeiros monstros que se grudaram e se grudam no poder. Até inconstitucionalmente! Querem se perpetuar na mamata do emprego público. Mas... que traíras votam nas suas permanências? O fomento e invenção no cinema virou isso?

Mas seu texto teórico sobre Jairo é de encantamento, satisfação, princípios e paixão. Renato Coelho viaja com seus escritos, críticas, cartas, documentos e filmes descrevendo-o como um ser insaciável frente ao eterno mal-estar do nosso cinema, da nossa crítica cinematográfica e do nosso país. Mas não faz um culto idiota da sua angústia existencial real, e sim do seu valor como pensador, teórico e criador. Sua crítica sempre foi jovem, ousada e solar. Nos nossos muitos encontros com Andrea Tonacci, Carlão Reichenbach, José Sette, Geraldo Veloso, Elyseu Visconti, Sergio Santeiro, Matico, Joel Yamaji e tantos outros, Jairo era uma presença inquieta vinculada a uma permanente pulsão de vida e de prazer em estado bruto ainda que requintadíssimo. E em "O Cinema e a Crítica de Jairo Ferreira", Renato Coelho produz dialeticamente pequenos encantamentos literários críticos num rico texto analítico muito precioso e transparente da nossa primeira submetralhadora teórica giratória contra as tantas promessas furadas do cinemão, que ao esvaziar a poesia sustentava a cultura nociva da ditadura. E faturavam enganando, né? E como diria o Jairo: foram estes torturadores da poesia no cinema autoral de invenção que gestaram este cinema televisivo burro de hoje. Televisão que aqui, sempre odiou o saber e a sensibilidade.

Renato mergulhou fundo em todos os documentos de uma vida difícil de lutas, sem espetacularização alguma. Fez um texto de formação oportuno e necessário. Entenda-se de uma vez por todas: no Brasil enterra-se com facilidade os mortos assassinados culturalmente e os vivos que ainda sonham e pensam. É o país-cemitério edificado sobre a lama e o sangue da política partidária retrô. A invenção aqui, segue sendo perseguida e proibida. Dizem os fanfarrões sem talento da falsa Idade de Ouro que a ditadura acabou. Mas o cinema de invenção segue sendo perseguido pelos excessos truculentos da burocracia reinante. Burocracia que matou Paulo César Saraceni, Gustavo Dahl, Mario Carneiro, Rogério Sganzerla, Carlão Reichenbach, Eliseu Visconti, Ricardo Miranda e o próprio Jairo. Em política chamamos isso de luta de classes, divisão do trabalho, manutenção das desigualdades. Ninguém consegue romper essa hierarquia burocrática de porcos, ratões, Leis, papelotes, carimbinhos, certidões, autoritarismo onde quem tem mais poder e mais dinheiro manda mais. Espaço onde o fascismo impõe a satisfação pelo desejo do consumo de idiotismos televisivos tipo "Crô" ou "Se Eu Fosse Você I, II, III, IV...". A TV chegou no cinema. E não o cinema na TV. Deu burro na cabeça! Pena.

Renato Coelho com este seu precioso livro-analítico impulsiona e ultrapassa o gozo ralo dos covardes que vão ficar como coveiros de uma história real da resistência. E ainda assim ele tenta continuá-la num texto afetivo, solar e profundo. Sua essência repousa na infinitude poética deste seu encontro com Jairo. É um livro que nos faz pensar usando a transcendência não como angústia, delírio ou recalque, mas como uma terna reconstrução da poesia e da revolta. Jairo volta como síntese dialética de uma experiência de um rico viajante solitário. Um afetuoso representante dos nossos tantos demônios necessários à criação. Que o livro seja um recomeço de dúvidas, subjetividades, encontros, tempos, trocas e afetos. Jairo Ferreira e Renato Coelho são sim múltiplos conceitos de satisfação transparente do cinema de invenção. Vida longa para o livro!

Luiz Rosemberg Filho/Rô
Rio de Janeiro, 2014

Introdução

O paulistano Jairo Ferreira, mais conhecido enquanto crítico de cinema e escritor do seminal livro *Cinema de Invenção* (1986), foi também cineasta, realizador de filmes experimentais, grande parte rodados na bitola Super-8mm. Geralmente associado ao cinema brasileiro de vanguarda e ao movimento do Cinema Marginal, vivenciou intensamente o cinema, sobretudo o "de invenção", seu objeto de paixão e dedicação irrestrita ao longo de toda a sua vida. Como dizia, respirava "cinema dia e noite por todos os poros, vinte e quatro vezes por segundo".

Este livro tem como finalidade o estudo de toda essa trajetória de Jairo Ferreira, suas atividades mais relevantes ligadas à crítica e à realização cinematográficas ao longo de quase quarenta anos. Para tanto, o livro é formado por quatro capítulos, que perscrutam as diversas facetas e movimentos de Jairo Ferreira universo do cinema adentro.

O primeiro capítulo, intitulado "A trajetória de Jairo Ferreira", refaz sua biografia ligada ao cinema, com outros dados sobre sua vida propriamente dita, ressaltando também aspectos informativos que não serão tratados em primeiro plano neste trabalho.

No segundo capítulo, "Jairo Ferreira: crítico de cinema", um estudo sobre seus mais relevantes e extensos períodos como crítico de cinema em jornais, nos quais publicou grande parte de sua produção crítica. Para o *São Paulo Shimbun*, jornal da colônia japonesa do bairro da Liberdade, escreveu entre os anos de 1966 e 1973, acompanhando em sua coluna todo o surgimento do Cinema Marginal na cidade de São Paulo. Já na grande mídia, trabalhou como contratado da *Folha de S. Paulo* entre os anos de 1976 e 1980. No capítulo há a análise das principais preocupações de suas críticas, levando-se em conta as particularidades dos diferentes contextos das épocas em que foram produzidas.

No capítulo seguinte, "Os filmes de Jairo Ferreira", análises de cada um de todos os nove filmes realizados por Jairo Ferreira. Ao todo, são seis curtas, um média e dois longas-metragens; destes, seis foram rodados na bitola Super-8. Embora realizados após o principal período do chamado Cinema Marginal, sobretudo entre os anos de 1973 e 1980, estes filmes guardam estreitas conexões com tal movimento, no qual Jairo Ferreira teve atuação ativa como crítico e colaborador em produções. São filmes que, em primeiro lugar, despontaram de uma vontade visceral de fazer cinema, rodados de maneira solitária e artesanal, numa bitola tida na época como amadora, experimentais na forma e no conteúdo, rodados em total liberdade e quase sempre com recursos próprios. São filmes feitos fora da indústria cinematográfica e do circuito comercial de exibição, que tiveram na época apenas exibições caseiras e em cineclubes. Trata-se de um "cineasta para cineastas, um provocador da criação", como bem definiu o cineasta Carlos Reichenbach.

Por fim, o capítulo que discute sua obra mais conhecida e difundida, mesmo que em círculos restritos, o seminal livro *Cinema de Invenção*, publicado pela primeira vez em 1986. No livro, Jairo Ferreira trata sobre os cineastas brasileiros que considera experimentais, ou "de invenção". Sobretudo, o livro aborda o período do Cinema Marginal, mas também cineastas como Mário Peixoto, Walter Hugo Khouri e Glauber Rocha. Trata-se de uma miscelânea que agrega análises, memórias e afetos, tudo em tom extremamente poético e pessoal, numa estética de colagem de certa forma análoga à estética de seus filmes. Escrita experimental sobre o experimental no nosso cinema.

Em anexo, um levantamento de todas as atividades de Jairo Ferreira ligadas ao cinema, toda a sua produção crítica e escrita, bem como todos os filmes em que trabalhou ou colaborou, dentro das informações disponíveis nos diversos arquivos pesquisados.

Desta maneira, este livro tem como objetivo um estudo panorâmico, com traços de biografia, do percurso de Jairo Ferreira, se atendo ao que consideramos as mais importantes contribuições do autor no âmbito do cinema brasileiro, tanto escritas quanto fílmicas. Não se tratam, portanto, de análises aprofundadas ou eminentemente teóricas de sua obra, mas de um primeiro estudo abrangente de parcela significativa de sua extensa produção como cinepoeta e escritor de cinema, levando-se em conta o contexto histórico e as principais preocupações vigorantes em cada época de seu trajeto.

capítulo I

A trajetória de Jairo Ferreira

XI
"Cinema é Amor
Cinema de Invenção
Sagrada Diversão" ¹

Jairo Ferreira Pinto nasceu na cidade de São Paulo no dia 24 agosto de 1945. Seu pai, natural da cidade mineira de Pouso Alegre, e sua mãe, natural de uma pequena cidade próxima chamada Borda da Mata, haviam se mudado para São Paulo pouco tempo antes, e se instalado na casa da Rua Honório Maia, 202, no bairro do Tatuapé, Zona Leste da capital paulista. Foi lá que Jairo, o primogênito de três filhos passou a infância e boa parte da juventude. Filho de família religiosa protestante, teve uma rígida educação presbiteriana, e desde criança frequentava a igreja com os pais todos os domingos, impreterivelmente. Nas palavras de Jane Ferreira, sua irmã do meio: "mamãe dizia que ele era um menino muito agradável, muito

---

1   Mandamento do *Manifesto do Cinema de Invenção*, de Jairo Ferreira.

simpático. Não era alegre, era uma criança simpática, legal."[2] A primeira paixão de Jairo foi a música; seu pai, Alfredo Ferreira Pinto, era rádio-técnico, proprietário de uma fábrica de rádio-vitrolas situada na Zona Leste, no bairro da Mooca. Ainda criança, Jairo se iniciou no violino, e posteriormente passou para o violão e a guitarra elétrica; e foi na garagem da casa onde morava, repleta de diversos rádios e equipamentos de seu pai, que passou grande parte de sua infância, fascinado pelos objetos.

Por volta do fim dos anos 1950, sozinho ou acompanhado do amigo Edson Cálgaro, Jairo assistia a pelo menos um ou dois filmes por dia nos cinemas, perambulando pelas salas de bairro da cidade, e já inicia a catalogar e a escrever sobre tudo o que via em seus cadernos de cinema, organizados e arquivados por data. Sobre essa época, Jairo escreveu:

> Meus cadernos de cinema/cahiers du cinéma escritos com uma Parker 51 que acabei perdendo num poeira, em 63, registraram & comentaram 1.200 filmes, com o que comecei a pagar imposto de renda crítica ao único crítico que respeitei (Jean-Claude Bernardet, na fase anárquica de UH 62/63). Biáfora era o mestre de berço e os cahiers roubados sempre na cabeceira ao lado do Spica. A admiração física pelo cinema estava nascendo. Comprei e bifei então todos os livros de cinema. Uns quinze, entre nacionais e coleção espanhola Rialp. Li todos de cabo a rabo, andando pelas ruas da Vila Carrão, Tatuapé, ônibus onde passageiros davam tiros & intervalos das sessões de cinema na área: cines Universo, Brás Politeama, Piratininga, Glória, São Luiz, Aladin, São Jorge, Penha Palace e Príncipe,

---
2   Jane Ferreira, em depoimento para este trabalho.

Jupiter & demais poeiras adjacentes. Solitário ou acompanhado de um colega de infância imbecil, o Cálgaro (até hoje meu amigo: só tenho amigos sinceros que aceitam as minhas agressões frontais), eu era o anti-intelectual por excelência.[3]

Autodidata de nascença, o colégio era para ele um suplício, e por volta dos quinze anos abandona definitivamente a vida escolar. Em torno de 1963 começa a frequentar o GEF, Grupo de Estudos Fílmicos – grupo responsável pela publicação do livro *O Filme Japonês*,[4] precursor estudo sobre o cinema japonês no Brasil –, onde conhece o poeta Orlando Parolini. É também por essa fase que conhece e se aproxima do cinéfilo e futuro cineasta Carlos Reichenbach, um de seus grandes amigos ao longo da vida. Os dois sempre se esbarravam pelos cinemas do bairro da Liberdade, e a aproximação foi inevitável. Um dia, saindo da premiação de um festival de cinema 8mm organizado pelo crítico Adhemar Carvalhaes no Fotocineclube Bandeirantes, na Rua Avanhandava, revoltados e muito bravos, vociferando contra a premiação que consideraram extremamente careta e conservadora, Reichenbach e Jairo deram início à longa amizade. Nas lembranças de Carlão:

> Foi uma premiação de uma caretice atroz, a gente era espectador, não tinha filme participando nem nada, mas eu tinha particularmente saído impressionado com um filme que tinha cena de nudez, naquela época era uma coisa bem audaciosa, isso tenho impressão que foi em 62 ou 63. E saí xingando lá de dentro, e

---

3 "Criticanarquica Anozero de Conduta in Cinegrafia". São Paulo, 07/1974.
4 Orlando Parolini foi um dos autores do livro, publicado em 1963.

encontrei outro cara que *tava* xingando mais do que eu e acabamos os dois indo pra um bar xingar, na Nove de Julho. Foi naquele bar, que passamos a noite, nasceu ali naquele momento, dois caras revoltados, querendo por fogo no Fotocineclube Bandeirantes, por ter feito uma premiação tão careta, não ter premiado o filme que tinha mulher nua, genital masculina de fora [...]. E ficamos dizendo "caretice, merda, lixo" etc. e tal; e fomos ficando tão entusiasmados, que acabamos falando assim: "mais eu te vejo toda vez no Cine Niterói" e "eu te vejo também no Cine...", e essa coisa toda acabou gerando uma amizade profunda que durou até os últimos dias do amigo.[5]

Para Reichenbach, Orlando Parolini foi o grande guru de Jairo, "uma figura essencial para se conhecer quem foi Jairo Ferreira, que o influenciou muito culturalmente."[6] Considerado por muitos o primeiro *beat* brasileiro, definido por João Silvério Trevisan como "O Poeta", cabelos compridos e barba, interessado em zen budismo e cultura oriental, a imagem transgressora do ex-seminarista Parolini, naquela época, impressionava. Nas palavras de Carlão:

> Parolini foi uma figura fundamental para a nossa geração; enquanto nós éramos subversivos, ele era transgressivo. Enquanto acreditávamos na revolução, ele queria saber de poesia de vanguarda. Ele estava trinta anos à frente de seu tempo; foi o primeiro *beat* antes dos *beats*, o primeiro *hippie* antes dos *hippies*, e foi o cara que saiu dessa antes de todo mundo. Enquanto

---

5   Carlos Reichencach, durante participação em debate na *Mostra Jairo Ferreira – Cinema de Invenção*, no CCBB-SP, em 09/02/2012.
6   *Idem*.

todos continuavam com o cabelo cumprido, usando sandália, ele cortou o cabelo, colocou um terno e virou gerente de uma fábrica de papel.[7]

Sobre o amigo Orlando Parolini e aquele período, a primeira metade dos anos 1960, Jairo escreveu:

> Um pouco de saudosismo não faz mal a ninguém. Orlando Parolini foi o enfant terrible desta coluna, nos idos de 63 [...]. Mas Parolini já era um beat e foi um dos primeiros a deixar o cabelo crescer sem repressões. Anárquico, surrealista, ele nunca foi de muito papo, ainda em 63 caiu fora do Grupo de Estudos Fílmicos e foi distribuir suas poesias apocalípticas em praça pública. Na época, 65, o cine clube Dom Vital estava funcionando sob nova orientação: O GEF morrido e Jairo Ferreira estava botando pra quebrar, no que Parolini apareceu pra ajudar. Pelo novo Dom Vital passaram caras como Trevisan e Sganzerla [...].[8]

Como descrito anteriormente, Jairo militou no cineclube do Centro Dom Vital, assumindo o papel de coordenador em 1964. Cineclube de orientação católica, o Dom Vital teve fundamental importância na cultura cinematográfica da cidade de São Paulo. Vale ressaltar que nesse período, até meados dos anos 1960, a atividade cineclubista ainda estava em seu auge no Brasil. Numa época em que ainda não existiam escolas de cinema, os cineclubes cumpriam uma relevante tarefa na formação cinematográfica; para se ter uma ideia,

---

7   Carlos Reichencach, em depoimento para este trabalho.
8   "Parolini, Eminência Parda" in *São Paulo Shimbun*. São Paulo, 23/03/1972. O texto foi escrito sob o pseudônimo de Marshall MacGang.

figuras do porte de Gustavo Dahl e Jean-Claude Bernadet iniciaram suas trajetórias e se "formaram" no Dom Vital. Jairo coordenou as sessões e debates do cineclube durante dois anos, até 1966.

É ainda nesse ano que Jairo se inicia na crítica cinematográfica, assumindo, a convite e em parceria com o poeta Orlando Parolini, a coluna *Cinema*[9] do jornal *São Paulo Shimbun*, um dos principais diários da colônia japonesa no bairro da Liberdade. Parolini, como descrito anteriormente, um estudioso do cinema japonês, havia sido convidado a escrever no *Shimbun* alguns meses antes pelo diretor do jornal, Mizumoto Kokuro, "um entusiasta do cinema japonês e dono do cinema *Nikkatsu*, [...] no qual lançava filmes do estúdio de mesmo nome".[10] Jairo e Parolini dividem a coluna por alguns meses, escrevendo quinzenalmente ou compartilhando o espaço semanal até meados de 1967, quando Parolini deixa o jornal e o posto para Jairo.

É fundamental enfatizar a importância que o cinema japonês teve para a geração de jovens cineastas formada naquela época, "o gosto pelo choque, por temáticas fortes e pelo questionamento moral eram pontos em comum".[11] A Liberdade e seus cinemas eram pontos de encontro dos jovens cineastas e entusiastas do cinema japonês, e Jairo inicialmente segue em sua coluna a linha proposta por Mizumoto, escrevendo sobre os lançamentos de filmes japoneses nas salas do bairro. Muitas películas vinham do Japão para entreter

---

9   A coluna *Cinema* era a única do jornal escrita em português. Ficava na última página mas, curiosamente, como no idioma japonês se lê da direita para a esquerda, "tinha essa fama por ser a única coluna de cinema que ficava na primeira página", nas palavras bem humoradas de Carlão Reichenbach.

10 GAMO, Alessandro. *Vozes da Boca*. Tese de doutorado – IA/Unicamp, Campinas, 2006.

11 GAMO, Alessandro. *Críticas de Jairo Ferreira/Críticas de invenção: os anos do São Paulo Shimbun*. São Paulo: Imprensa Oficial, 2006.

a colônia, e eram exibidas em diversas salas do bairro, como o Cine Nippon, o Cine Niterói e o Cine Jóia, entre outros. Nesse período, Jairo escreveu tanto sobre filmes de cineastas mais clássicos, como Tomu Uchida, como sobre filmes de diretores da chamada *nouvelle vague* japonesa, ou *Nuberu Bagu*, como Shohei Imamura. Vários cineastas japoneses eram cultuados por Jairo, Reichenbach e outros cinéfilos frequentadores daquelas salas.

Em 1967 Orlando Parolini estava preparando a realização de um filme, um curta-metragem em 16mm intitulado *Via Sacra*. Jairo inicialmente seria assistente de direção e montador, mas como Parolini era também o ator principal, ficou encarregado de dirigir as cenas nas quais o diretor atuava e, consequentemente, a partir daí os dois acabaram dividindo a realização e a autoria do filme. Carlos Reichenbach, que já cursava a Escola Superior de Cinema São Luís, foi chamado para fotografar o curta, com sua Bolex 16mm. A radicalidade do filme e daquela experiência marcaram profundamente as memórias de Carlão, na época de suas primeiras incursões na prática cinematográfica. Em suas palavras, *Via Sacra* "teria sido a primeira experiência *underground* no cinema brasileiro, é uma pena que tenha ficado inacabado".[12]

> Parolini fazia o papel de um cristo renegado, na certa um filme muito corajoso para a época, todo filmado em São Paulo, com cenas audaciosíssimas, de sexo grupal, com personagens bissexuais, cenas de antropofagia. Um filme que teria sido uma revolução no cinema brasileiro, em todos os sentidos; o Orlando Parolini era muito talentoso e tão louco quanto o

---

12 Carlos Reichenbach, em depoimento para este trabalho.

filme, eu me lembro que tinha imagens deslumbrantes, muito poderosas.[13]

O que de fato ocorreu foi que os quarenta minutos de negativo/copião de *Via Sacra* foram totalmente destruídos pelo próprio Orlando Parolini, que com todo o seu histórico transgressor já vinha sofrendo com ameaças e pressões da ditadura militar. Descobrindo que uma garota, que figurava em uma cena de orgia, era filha de um general,[14] o poeta entrou em paranoia e picotou fotograma por fotograma do material bruto, restando apenas algumas fotografias *still* das filmagens. Em texto memorialístico, escrito em sua fase final no *São Paulo Shimbun*, em 1972, Jairo relembra o episódio, sob o pseudônimo de *Marshall MacGang*:

> A *Via Sacra*, curta-metragem amaldiçoado pelos marginais da Baixada do Glicério, estava fazendo jus ao título. [...]. Ferreira foi procurar Parolini e, segundo testemunhou João Miramar, teve um tremelique e só faltou subir nas paredes: encontrou Parolini dirigindo uma indústria, sentado numa mesa, terno e gravata e foi então que contou a Ferreira que tinha picotado os 40 minutos de copião. Enfim, tinha destruído o filme e, não querendo prejudicar seu parceiro de filmagem, deu-lhe de presente as latas de negativo que restaram.[15]

*

---

13 Carlos Reichencach, durante participação em debate na "Mostra Jairo Ferreira – Cinema de Invenção", no CCBB-SP, em 09/02/2012.
14 "Ou de algum outro membro do alto escalão militar", segundo Reichenbach.
15 "Parolini, Eminência Parda" in *São Paulo Shimbun*. São Paulo, 23/03/1972.

Por volta de 1967, Jairo se muda da casa onde morava com os pais e os irmãos. Sua vida boêmia e os hábitos noturnos já começavam a se manifestar e não se encaixavam nos parâmetros do cotidiano familiar; Jairo varava as noites pesquisando, escrevendo suas críticas, ouvindo música.[16] Transfere-se, então, para um apartamento no Largo do Glicério, região central de São Paulo, constantemente frequentado pelos parceiros Carlão, Parolini, João Callegaro, Inácio Araújo, entre outros. Essa vivência é posteriormente retratada em passagens do longa-metragem *Alma Corsária*, dirigido por Reichenbach em 1993.

*

É no ano de 1968 que uma geração de jovens cineastas que se reunia em torno da Escola Superior de Cinema São Luís passa a frequentar a Boca do Lixo em busca de viabilizar a realização de seus primeiros filmes nas produtoras locais. Localizada na região central de São Paulo, próxima às Estação da Luz e Júlio Prestes, a Boca abrigou escritórios de distribuidoras de filmes desde a primeira metade do século XX, já que a proximidade das estações facilitava o envio de cópias da capital para o interior do estado através das linhas de trem. A partir de 1966, com a criação do Instituto Nacional de Cinema (INC) e a consequente ampliação de políticas de Estado voltadas a apoiar o cinema brasileiro, como o aumento da "cota de tela",[17] pequenas distribuidoras começam a investir na produção de filmes, e em 1968 um bom número de produtoras já estavam com escritórios estabelecidos na Rua do

---

16   "Enquanto ele queria trabalhar, nós queríamos dormir." Jane Ferreira, em depoimento para este trabalho.
17   Maior reserva de mercado para filmes nacionais.

Triumpho e nas suas imediações,[18] e diversos cineastas e profissionais de cinema passaram a conviver naquela região.

A Escola Superior de Cinema São Luís fundou o primeiro curso em nível superior de formação cinematográfica na cidade de São Paulo e, apesar de ter durado pouco tempo,[19] futuros cineastas da importância de Carlos Reichenbach, João Callegaro e Carlos Ebert, entre outros, passaram pela ESC. Já nomes como Rogério Sganzerla, Andrea Tonacci[20] e Jairo Ferreira, apesar de não possuírem vínculo como alunos, conviviam frequentemente na São Luís e nos seus arredores. Fundada em 1965 pelo padre jesuíta José Lopes, contou com professores do porte de Paulo Emílio Salles Gomes e Luís Sérgio Person. É esse grupo de jovens, que se reunia constantemente nas salas de cinema e em bares próximos à São Luís, que migra para a Boca e dá início à produção de filmes de autor/experimentais naquele ambiente marcado por produções de cunho popular e direcionadas para atingir o público. Para Reichenbach "o Cinema Marginal paulista praticamente nasceu nos corredores da Escola Superior de Cinema São Luís. Todo mundo que fazia cinema em São Paulo uma hora teria que esbarrar com a Boca, e nós fomos logo pra lá."[21]

> Acho que o embrião do Cinema Marginal surgiu nos corredores da ESC e nas mesas do vizinho Bar Riviera. Jairo Ferreira, Sganzerla (conterrâneo e amigo de infância de Callegaro), Candeias, Tonacci, e tantos outros, que não eram alunos, frequentavam habitualmente os

---

18 GAMO, Alessandro. *Vozes da Boca*. Tese de doutorado – IA/Unicamp, Campinas, 2006.
19 A ESC fechou as portas antes de formar sua primeira turma.
20 Andrea Tonacci chegou a dar aulas na São Luís.
21 Carlos Reichenbach, em depoimento para este trabalho.

dois endereços. Foi num desses encontros que ouvi, pela primeira vez, que o país daquele jeito (1965/66) só merecia filmes péssimos e malcomportados.[22]

A convivência de Jairo no meio cinematográfica da Boca do Lixo faz com que, a partir de 1968, comece a acompanhar o surgimento e as primeiras produções do chamado Cinema Marginal paulista em suas críticas no *São Paulo Shimbun*. Como conhecia bem aquele meio cinematográfico e participava da realização de diversos filmes, estava bem informado sobre os projetos e as filmagens em andamento, e consequentemente noticiava muito dos bastidores e acontecimentos da Boca em suas críticas, espécies de crônicas daquela produção.

Jairo participa de filmes de seus comparsas em diversas funções: em *A badaladíssima dos trópicos x os picaretas do sexo*[23] (1969), de Reichenbach, acumula as funções de co-roteirista, assistente de direção e ator; em *Gamal, o delírio do sexo* (1969), de João Batista de Andrade, foi continuísta; em *Orgia ou o homem que deu cria* (1970), de João Silvério Trevisan, foi assistente de direção; em *O Pornógrafo* (1970), de João Callegaro, foi corroteirista; em *Corrida em busca do amor* (1972), de Reichenbach, foi corroteirista e assistente de direção etc. Desempenhou as mais variadas funções em diversos outros filmes, não apenas da Boca do Lixo, notadamente como fotógrafo de cena. Quando Jairo viajava para participar de filmagens, sua coluna no *Shimbun* ficava a cargo de parceiros como Carlão, Antônio Lima e Jean-Claude Bernadet.

---

22 "Marginal, adeus" in *Cinema Marginal brasileiro e suas fronteiras*. Carlos Reichenbach, em depoimento para o catálogo da mostra homônima, realizada no CCBB em 2001.

23 Episódio do longa-metragem *Audácia!*, que conta ainda com outro episódio dirigido por Antônio Lima.

Como ator, sempre em papéis secundários, pontas ou colaborações em filmes de amigos, participa de produções como *Ritual dos Sádicos* (1969), de José Mojica Marins; *A mulher que inventou o amor* (1979), de Jean Garret; *A opção* ou *As rosas da estrada* (1981), de Ozualdo Candeias; *Filme Demência* (1986), de Reichenbach; e *A bela e os pássaros* (2001), de Marcelo Toledo e Paolo Gregori, entre outros.

Em várias de suas críticas, Jairo fala de suas ideias e de seus projetos pessoais de realizar filmes. Sua estreia como diretor no cinema da Boca seria em um episódio de longa-metragem, intitulado *Mulher dá luz a peixe*, em 1971. Porém, logo após o primeiro final de semana de filmagens o produtor Antônio Polo Galante suspendeu a produção. A personalidade rebelde e intempestiva de Jairo como diretor não inspirava confiança em Galante, e é fato que após esse episódio Jairo nunca mais conseguiria financiar algum projeto pessoal no ambiente da Boca. Segundo Inácio Araújo, assistente de direção de Jairo nas filmagens interrompidas:

> Cinema é uma arte na qual você precisa se comunicar bem com as pessoas, você precisa que as pessoas saibam o que você quer. E eu tenho a impressão que o Jairo teve alguma dificuldade nesse sentido. Com exceção do Carlão, que era superamigo dele, era muito difícil alguém entender o Jairo num quadro de Boca do Lixo, que é uma quadro muito específico, marcado por um determinado código dentro do qual você tinha que trabalhar. Então, no *Mulher dá luz a peixe*, eu acho que começa muito bem, mas o Jairo tem alguns maus contatos com algumas pessoas da equipe, que vão até o Galante e dizem para ele "pare esse filme". As pessoas tem uma maneira de ver as coisas segundo a qual, se você vai fazer um filme já tem que sair com tudo na

sua cabeça. E o Jairo era muito godardiano nesse sentido, ele ia descobrindo as coisas, na paisagem o que lhe interessava mais, mas dentro disso ele tinha muito talento, fazia as coisas de maneira muito interessante.[24]

Durante seus anos como crítico no *São Paulo Shimbun*, Jairo gozou de total liberdade para escrever, acompanhando toda a produção do Cinema Marginal durante o seu principal período. O estilo livre e poético de escrita, que já acompanhava Jairo desde cedo, foi se acentuando nos últimos anos em que escreveu para o *Shimbun*. Em 1972, passa a assinar suas críticas sob três pseudônimos: Marshal MacGang, João Miraluar e Ligéia de Andrade.[25] Sua coluna *Cinema* se encerra em 1973, quando certo tipo de cinema transgressor que Jairo tanto defendia já não tinha mais apelo entre os produtores da Boca.

É em 1973 que Jairo inicia a realização de seus filmes, legítimos exercícios de liberdade cinematográfica e da linguagem "de invenção" que tanto prezava. São cinco curtas: *O guru e os guris* (1973), *Ecos caóticos* (1975), *O ataque das araras* (1975), *Antes que eu me esqueça* (1977), *Nem verdade nem mentira* (1979); um média, *Horror Palace Hotel* (1978); e dois longas, *O vampiro da cinemateca* (1977) e *O insigne ficante* (1980).

Em sua obra fílmica, apenas *O guru e os guris* e *Nem verdade nem mentira* foram rodados em 35mm e com equipe profissional de cinema. Todos os outros foram filmados em Super-8, filmes artesanais que Jairo realizava de maneira solitária ou com o auxílio de poucos amigos, e nunca exibidos comercialmente. Jairo funde experimental, documentário e ficção, usa imagens e sons de arquivo, grava filmes diretamente do cinema e

---

24 Inácio Araújo, em depoimento para este trabalho.
25 Estes personagens reapareciam em alguns dos futuros filmes de Jairo Ferreira.

da televisão, se apropria de signos sempre criando/inventando novos sentidos e acepções. Por vezes se aproxima do cine-diário, mas é fato que sempre colocou/escancarou sua vida em tudo que fez, tanto no que filmou quanto no que escreveu. Sobre sua produção em Super-8, Jairo concedeu o seguinte depoimento:

> Em matéria de acumular funções acho que bati o recorde, porque eu comprei a máquina, o projetor, montei, fui ator, sonorizei, produzi, roteirizei, mixei, fiz a música no violão. Eu exibia e projetava na casa de amigos. Já que era para brincar de cinema experimental quis mostrar ser possível exagerar nas funções. Comercialmente não teve exibições, apenas caseiras e em cineclubes.[26]

Já questionado sobre como definia o tipo de cinema que praticava, deu a seguinte resposta, revelando, ao seu estilo, todo o entusiasmo que nutria pelo cinema:

> É um tipo de cinema muito especial, feito de epígrafes, aforismos e outros estilhaços que conduzem à uma síntese-ideogrâmica. Sou, antes de tudo, um experimentador, um inventor e, aos meus olhos, o único valor consiste em não filmar, nem *falar* clichês. Inventar é a única coisa que me entusiasma: cinema de *expert* para *expert* e, também, *import/export*, sem esquecer que, no Brasil, todos entendem de cinema. Faço um cinema discretamente secreto, porque essa arte é mais secreta do que todas as outras somadas. Não utilizo a câmera como mero espelho de registro naturalista, mas como

---

26 Entrevista concedida a Arthur Autran e Paulo Sacramento, em 1991, e publicada na única edição da revista *Paupéria*.

uma via, uma infovia por onde chegam as mensagens de um outro mundo, de outra galáxia, de outro cinema de invenção, astral.[27]

É impossível dissociar a obra fílmica da obra escrita de Jairo Ferreira, bem como separar sua obra artística das particularidades de sua personalidade e dos diferentes momentos de sua vida. Tanto em seus filmes como em seus textos, Jairo se utiliza de uma estética de colagem, se aproveitando do que outros filmaram e escreveram para criar/inventar novos sentidos e significações. Dentre suas principais influências enquanto cineasta e pensador livre de cinema estão dois dos mais relevantes movimentos de vanguarda da arte brasileira: de um lado o Modernismo e a questão da Antropofagia Cultural de Oswald de Andrade; de outro, o Concretismo dos irmãos Campos e Décio Pignatari, notadamente no que se refere à questão da síntese-ideogrâmica na criação poética.

Na *Folha de S. Paulo,* Jairo Ferreira trabalha como crítico de 1976 até 1980. Segundo Inácio Araújo: "esse é o período mais estável de sua vida, essa foi uma época boa do Jairo".[28] E também a mais criativa, com a realização de grande parte dos seus filmes. Na *Folha* escreve muitas vezes sobre o cinema brasileiro, acompanhando lançamentos e a continuidade da carreira de cineastas do grupo Marginal, como Ozualdo Candeias, Júlio Bressane, Ivan Cardoso e outros. Fazia um tipo de trabalho que, de fato, não teria qualquer espaço na grande imprensa nos dias de hoje. Foi, nesse período, um dos poucos críticos que respeitavam e admiravam parte do cinema

---

27 Entrevista concedida a Diomédio Morais, em 1993, e publicada no jornal alternativo *Cine Fanzine.*

28 Em depoimento para este trabalho.

popular feito na Boca, e escreveu sobre diversas obras de cineastas como Cláudio Cunha e Jean Garret.

Em 1977 Jairo começa a escrever o que seria seu livro, o hoje clássico *Cinema de Invenção*, cuja primeira edição saiu apenas em 1986. Inicialmente, o projeto consistia em uma "história do cinema experimental brasileiro", mas, não encontrando editor que publicasse um livro tão volumoso, com em torno de 500 páginas, a ideia acabou abortada.[29]

Entre outras atividades, Jairo trabalha como assessor de imprensa da sucursal da Embrafilme em São Paulo, durante a década de 1980. Colabora como crítico em *O Estado de S. Paulo* e no *Jornal da Tarde*, entre 1988 e 1990. Durante sua carreira colaborou com diversos jornais e revistas, tais como *Filme Cultura*, *Fiesta Cinema*, *Cine Imaginário*, *Artes*, *Lampião da Esquina*, entre outros. Em 1974 editou o único número da revista independente *Metacinema*; um segundo número foi preparado, mas não chegou a ser lançado.[30]

Talvez a mais significativa e relevante contribuição para o pensamento sobre o cinema brasileiro de sua carreira, o livro *Cinema de Invenção* é finalmente publicado em 1986 (Editora Max Limonad/Embrafilme), após nove anos de preparo. No livro, Jairo escreve sobre os filmes e cineastas brasileiros que qualificou como experimentais. Considerando o desgaste de termos como "experimental" e "vanguarda", o autor buscou várias definições que dessem conta do tipo de cinema tratado no livro, até chegar ao termo "invenção". Jairo transpõe as "categorias de escritores" criadas pelo poeta e teórico literário norte-americano Ezra Pound no livro *ABC da Literatura* (*ABC of Reading*,

---

29 Em depoimento a Arthur Autran e Paulo Sacramento, em 1991.
30 Essa edição continha o roteiro de *O vampiro da Cinemateca*, que Jairo redigiu após a finalização do filme. Uma cópia se encontra na Biblioteca Paulo Emílio Salles Gomes, na Cinemateca Brasileira.

publicado originalmente em 1934), do âmbito da análise literária para o âmbito da análise cinematográfica; "Inventores: homens que descobriram um novo processo ou cuja obra nos dá o primeiro exemplo conhecido de um processo".[31]

O livro não apenas trata do cinema experimental brasileiro, mas é também escrito e organizado de maneira experimental, como praticamente tudo que Jairo escreveu e filmou. *Cinema de Invenção* não pode ser considerado, de maneira alguma, um estudo ortodoxo ou acadêmico sobre cinema; uma das grandes "sacadas" do livro é a ideia de "sintonias" (experimental, existencial, visionária e intergaláctica), que uniria cineastas e consequentemente o cinema praticado por estes.

Cineastas fundamentais para o pensamento de Jairo são tratados em capítulos do livro, como Mário Peixoto, Glauber Rocha, José Mojica Marins, Ozualdo Candeias, Rogério Sganzerla, Júlio Bressane, entre outros. A ideia de "sintonia" por vezes se aproxima de conceitos como amizade e companheirismo, e Jairo escreveu ainda capítulos sobre grandes amigos cineastas, como Carlos Reichenbach, Luiz Rosebemberg Filho e Júlio Calasso Jr. É uma escrita poética e extremamente pessoal, que transborda afeto pelas obras e pessoas, e que instiga nos leitores um imenso desejo de assistir aos filmes[32] sobre os quais trata. Na época o livro alcança boas críticas e repercussão, e no período após o seu lançamento Jairo realiza a primeira *Amostra Cinema de Invenção* (1986/1987), produzida por Júlio Calasso Jr., na qual percorrem diversas cidades exibindo os filmes de invenção e debatendo diretamente com o público.

Jairo realiza em 1993 o curta-metragem em vídeo *Metamorfose ambulante ou as aventuras de Raul Seixas na cidade de Toth*, projeto

---

31 POUND, Ezra. *ABC da literatura*. São Paulo: Cultrix, 2006.
32 Muitos desses filmes são de difícil acesso até os dias de hoje.

comtemplado pelo Prêmio Estímulo,[33] no qual homenageia o roqueiro *à la* Kenneth Anger. É nesse período que se aproxima dos jovens cineastas da produtora independente Paraísos Artificiais, como Paulo Sacramento, Paolo Gregori e Christian Saghaard, e se torna uma espécie de guru dessa geração. Nesse período tão complicado para o cinema brasileiro, com a política do governo Collor e a extinção da Embrafilme, Jairo percebe nesse grupo de jovens curta-metragistas aquela mesma "sintonia" experimental tratada no livro *Cinema de Invenção*. A partir do início dos anos 1990, Jairo alimenta uma grande fixação pela figura de Raul Seixas, talvez seu maior guru existencial, e se interessa por assuntos ligados ao misticismo, como magia, Aleister Crowley, Novo Aeon, Sociedade Alternativa etc. Ainda durante a década de 1990, trabalha como programador no Centro Cultural São Paulo e ministra diversas oficinas sobre assuntos como Cinema Marginal e Super-8 em diversos centros culturais.

A edição ampliada do livro *Cinema de Invenção* é lançada em 2000 (Editora Limiar), com alguns capítulos a mais e relevantes modificações em relação à edição anterior. Nesses últimos tempos Jairo colabora com uma coluna para a revista eletrônica *Contracampo*, na qual escreve menos sobre cinema e mais sobre sua vida, que andava cada vez mais complicada pela falta de dinheiro e meios básicos de sobrevivência, a saúde debilitada pelo vírus HIV e um vício em álcool e drogas que parecia incurável. No início de 2000 inicia a escrever um romance autobiográfico, o ainda inédito *Só por hoje*. O livro é escrito durante tentativa de ficar longe do álcool e das drogas, mas não fica totalmente concluído. Jairo Ferreira se suicida em 23 de agosto de 2003 poucas horas antes de completar 58 anos.

*

---

33 Edital para a realização de curtas-metragens da Secretaria de Cultura do Estado de São Paulo.

Pessoas próximas ao universo de Jairo Ferreira vêm, nos últimos anos, estudando sua obra e trabalhando no sentido de divulgá-la para um público mais amplo. Retrospectivas de sua filmografia foram realizadas no Museu da Imagem e Som (MIS), em 1997, e no Centro Cultural São Paulo, em 2001, além de exibições em diversos outros eventos, como a mostra *Marginália 70: O Experimentalismo no Super-8 Brasileiro* (Itaú Cultural, 2001), que exibiu o longa-metragem *O Vampiro da Cinemateca*. Em 2007, o Festival Internacional de Curtas-Metragens de São Paulo realiza um programa especial denominado *Curtas de Invenção*, com uma seleção de curtas-metragens realizados por Jairo. É nesta ocasião que Paulo Sacramento, curador da obra cinematográfica e escrita de Jairo Ferreira através da Olhos de Cão Produções Cinematográficas, lança um DVD duplo contendo toda a filmografia de Jairo, que distribui em arquivos e universidades, e entre estudiosos e cinéfilos, colocando em circulação esses filmes tão raros e pouco vistos até então.

No início de 2012 o Centro Cultural Banco do Brasil (CCBB) realiza a mostra *Jairo Ferreira – Cinema de Invenção*,[34] nas cidades de São Paulo e Brasília, homenagem com a exibição de todos os filmes de Jairo, uma entrevista[35] inédita e de mais trinta filmes sobre os quais o autor pensou e escreveu durante sua trajetória como crítico de cinema, além de debates, da publicação de um catálogo[36] de duzentas páginas. A produção da mostra também viabilizou a feitura de novas cópias de toda a filmografia de Ferreira, no sentido de trabalhar na preservação de seu acervo.

---

34 A mostra teve duração de duas semanas em cada praça.
35 Gravada em VHS por Arthur Autran e Paulo Sacramento em 1991.
36 O catálogo contém diversos textos inéditos sobre Jairo e sua obra, de autores como Inácio Araújo, Arthur Autran, Carlos Reichenbach e Alessandro Gamo, além de uma apanhado de escritos emblemáticos do próprio homenageado.

Ainda no início de 2012, filmes de Jairo Ferreira são exibidos pela primeira vez durante um grande evento internacional de cinema, o 41º Festival Internacional de Cinema Roterdã,[37] na Holanda. Seus longas em Super-8, *O Vampiro da Cinemateca* e *O Insigne Ficante*, integram a mostra *A Boca do Lixo*,[38] que exibiu ao todo dezenove filmes do ciclo da Boca, sob a curadoria de Gabe Klinger.

Nos campos crítico e acadêmico, diversas ações também vêm sendo realizadas. A pesquisa de doutorado de Alessandro Gamo, intitulada *Vozes da Boca*,[39] aborda a produção da Boca do Lixo de Cinema através das críticas de Jairo Ferreira para o *São Paulo Shimbun* e da revista *Cinema em Close-up*, publicação popular da Boca. Em 2006, Alessandro Gamo organiza uma coletânea[40] com os textos de Jairo no *Shimbun*, lançada pela Coleção Aplauso, da Imprensa Oficial. Durante os anos de 2007 e 2008, o crítico Juliano Tosi disponibiliza diversos textos raros de Jairo no *blog*[41] *Cinema de Invenção*. Uma nova edição do livro *Cinema de Invenção*, atualmente fora de catálogo, deve ser lançada em breve.

---

37   41º International Film Festival Rotterdam.
38   *Signals: The Mouth of Garbage*.
39   GAMO, Alessandro. *Vozes da Boca*. Tese de doutorado – IA/Unicamp, Campinas, 2006.
40   GAMO, Alessandro. *Críticas de Jairo Ferreira / Críticas de invenção: os anos do São Paulo Shimbun*. São Paulo: Imprensa Oficial, 2006.
41   Disponível em: http://cinema-de-invencao.blogspot.com.br/

capítulo II

Jairo Ferreira: crítico de cinema

São Paulo Shimbun, coluna Cinema

Como descrito no capítulo anterior, o período de Jairo Ferreira como crítico de cinema no jornal da colônia japonesa do bairro da Liberdade, *São Paulo Shimbun*, vai de 1966 à 1972. Em meados de 1966 o diretor do jornal, Mizumoto Kokuro, contrata o poeta e jornalista Orlando Parolini, estudioso do cinema japonês, para escrever na coluna *Cinema*; Parolini convida o amigo Jairo Ferreira, então coordenador do cineclube Dom Vital, para dividir a coluna em outubro do mesmo ano, e a partir do início de 1967 deixa o jornal e o posto da coluna para Jairo, que escreve até julho de 1972. Durante todo o período, o crítico possuía total liberdade para escrever sobre o que desejasse; escrevia em troca de um pagamento mínimo e distribuía o jornal pelas ruas da Boca do Lixo. As críticas de Jairo Ferreira no *São Paulo Shimbun* podem ser dividas, em linhas gerais, em três períodos:

- Num primeiro momento, em seu início na atividade crítica, Jairo escreve sobre os filmes japoneses que estreiam nos cinema da Liberdade, seguindo a linha de trabalho de Orlando Parolini, proposta inicialmente pelo diretor do jornal, um entusiasta do cinema japonês e dono do cinema *Nikkatsu*, na Liberdade, no qual exibia filmes dos estúdios de mesmo nome.

- Num segundo e mais duradouro período, a partir de meados de 1968, começa a acompanhar a formação e produção do Cinema Marginal paulista, os filmes e anseios dos jovens cineastas que migram para a Boca do Lixo com a intenção de realizar seus primeiros filmes. Jairo acompanha de perto toda essa produção, participando de filmes em diversas funções, o que faz de sua coluna uma espécie de noticiário da Boca do Lixo; É nesse contexto que documenta o dia-a-dia da Boca através de suas críticas, escrevendo não apenas sobre o cinema autoral/Marginal produzido no período, mas também sobre o cinema popular produzido na Boca, bem como o cotidiano e o trabalho de artistas e técnicos que habitavam aquela região.

- No que pode ser considerado um último momento da coluna, a partir do início de 1972, Jairo escreve sob três pseudônimos: Ligéia de Andrade, João Miraluar e Marshall MacGang.[1] São textos com certo tom de "curtição" e alinhados com a atmosfera de "desbunde" daqueles tempos, e que não abordam apenas o cinema.[2]

---

1 O pseudônimo Ligéia de Andrade faz referência a Oswald de Andrade e Edgar Allan Poe, autor de um conto intitulado *Ligéia* (1838); João Miraluar faz alusão direta ao personagem do romance *Memórias Sentimentais de João Miramar* (1924), de Oswald de Andrade; Marshall MacGang faz menção ao teórico da comunicação Marshall McLuhan, cujas ideias influenciaram Jairo no período.

2 Para se ter ideia dessa fase, o "sumiço" do crítico titular da coluna, Jairo Ferreira, é tratado em um artigo como "abdução por óvnis". Esse desdobramento pode ser

Desde meados dos anos 1960, como muitos outros cinéfilos e jovens aspirantes a cineastas - como Carlos Reichenbach, João Silvério Trevisan e Rogério Sganzerla -, Jairo Ferreira frequentava os cinemas do bairro Liberdade. Eram inúmeros os "poeiras" na região, e muitas cópias chegavam para entreter a numerosa colônia japonesa de São Paulo. Os cineastas da chamada Nouvelle Vague Japonesa eram objeto de culto entre esse seleto grupo de jovens, que conviviam nas salas com um público constituído basicamente por orientais, muitas vezes para assistir cópias sem legendas. Carlos Reichenbach se recorda de cruzar com Jairo por essas salas, mesmo antes de se tornarem amigos:

> Eu já conhecia o Jairo de vista, a gente vivia se encontrando, por volta de 64, tinha um bando de malucos, de cinéfilos, que viviam se encontrando no cinema, não se falavam, não se conheciam, mas viviam se esbarrando pelas salas de cinema, especialmente aqueles que frequentavam as salas da Liberdade, voltadas ao cinema japonês. E a gente tinha essa convivência, eu já tinha visto ele várias vezes, mas não tínhamos ainda nos aproximado, conversado. Mesmo na época áurea do cinema japonês por aqui, não eram muitos os ocidentais presentes em cinemas como *Niterói* e *Nippon*, naquelas sessões muito específicas, de filmes muitos especiais, eram meia dúzia de ocidentais que se esbarravam por lá.[3]

---

interpretado como a alternativa encontrada por Jairo para lidar com um período de incertezas, no qual o ápice da produção dos filmes do grupo de "invenção", pelos quais milita e que tanto defendia em sua coluna, já havia passado na Boca do Lixo.

3   Carlos Reichencach, durante participação em debate na *Mostra Jairo Ferreira – Cinema de Invenção*, no CCBB-SP, em 09/02/2012.

É neste contexto que Jairo inicia sua trajetória crítica, dividindo a coluna com seu amigo e mentor Orlando Parolini e escrevendo sobre os filmes de cineastas japoneses que tanto admirava. Era um período de efervescência da chamada *Noberu Bagu*, a Nouvelle Vague do Japão, e novos cineastas estavam rompendo com os rígidos padrões da sociedade e do cinema clássico japonês, tanto na forma como no conteúdo dos filmes. Segundo Alessandro Gamo, Ferreira

> atentava em suas críticas para o cinema de diretores que se caracterizavam por realizar um cinema de temática forte, que mesclavam questionamentos de valores morais da sociedade japonesa e experimentalismo formal dentro de um cinema comercial de gênero.[4]

Entre os cineastas mais abordados em suas críticas deste momento, estão nomes Shohei Imamura, Masaki Kobayashi, Nagisa Oshima, Tomu Uchida, entre outros. Um exemplo de seu entusiasmo pelo cinema japonês e da verve de sua escrita pode ser contatado no artigo "O Jogo dos Insetos", sobre o cinema radical de Imamura:

> Penetrar na obra de Imamura é investir energia humana. Sua visão de mundo é das mais caóticas. Seus filmes deixam impressões incongruentes. Dizem horrores de Imamura. Um obcecado. Um poeta tragigrotesco. Um expoente do irracionalismo. Um louco como Watanabe, um destruidor como Oshima, um demônio como Uchida.[5]

---

4   GAMO, Alessandro. *Vozes da Boca*. Tese de doutorado – IA/Unicamp, Campinas, 2006.
5   "O Jogo dos Insetos" in *São Paulo Shimbun*. São Paulo, 24/02/1967.

Desde o seu início como crítico no *São Paulo Shimbun*, Jairo Ferreira já escrevia sobre o cinema brasileiro. Anteriormente à formação do grupo marginal na Boca, o jovem crítico escreve artigos elogiosos sobre filmes como *O Corpo Ardente*[6] (1966), de Walter Hugo Khouri, e *O Caso dos Irmãos Naves*[7] (1967), de Luís Sergio Person, nas ocasiões de seus lançamentos. Sobre o filme de Khouri, discorre de maneira elegante, buscando capturar certa aura de mistério própria ao filme:

> Uma perturbadora, ardente, pulsação irracional; desconcertante frigidez incidental (acentuada na música de Rogério Duprat). Inquietude interior e ansiedade de calidez; letárgica e amarga desagregação, possivelmente existenciais. Daí decorrem sentimentos condicionados, abstratos: o marasmo, a contemplatividade, e um forte impulso: a necessidade de fuga. [...] De resto, *O Corpo Ardente* é de uma total harmonia cinemática: de linguagem, fotografia, iluminação, música, interpretação e montagem.[8]

Tanto em seus filmes quanto em sua produção escrita, Jairo Ferreira sempre foi avesso a padrões e ao que considerava acadêmico. Escrevia de maneira pessoal, livre e visceral, e exemplos disso não faltam, em relações críticas de amor e ódio com alguns cineastas. O caso mais marcante foi com o cinema de Walter Hugo Khouri, que teve seu capítulo excluído por Jairo da segunda edição do livro

---

6   "O Corpo Ardente" in *São Paulo Shimbun*. São Paulo, 16/12/1966.
7   "O Caso de Person" in *São Paulo Shimbun*. São Paulo, 15/07/1967.
8   "O Corpo Ardente" in *São Paulo Shimbun*. São Paulo, 16/12/1966.

Cinema de Invenção. Diversos são os artigos que ressaltam essa relação conturbada, por parte do crítico, ao longo dos anos.

Outro cineasta que não escapou da ira crítica de Jairo Ferreira foi, curiosamente, José Mojica Marins. Posteriormente idolatrado por Jairo, que o classificou como "gênio total",[9] precursor do cinema de invenção/experimental ao lado de Ozualdo Candeias, o criador do personagem Zé do Caixão teve o seu *À meia-noite encarnarei no teu cadáver* avacalhado sem piedade, em artigo intitulado "Os blefes do Mujica", publicado em março de 1967:

> Não é por sadismo que *À meia-noite encarnarei no teu cadáver* não resiste à uma crítica, muito menos análise. Sua estrutura interna assim se apresenta: filosofia (se houvesse) à maneira de um Nietzsche provinciano; método de produção (inexistente); picaretagens e falcatruas; mil erros de continuidade; ausência de "linguagem" ou "narração". Isto sem falar no pedantismo, na megalomania, no cabotinismo. Ou seja: ignorância, no entanto, tomada por "primitivismo". Direção de intérpretes: não existe; montagem: *idem*; música: discos, o que é de menos. Calamidade: um cinema espúrio por excelência, paupérrimo por condição. Mas suficiente para alvoroçar uma cidade. Já nem se fala do tema: arcaico, bestialóide e gratuito. Parabéns a Mojica e ao subdesenvolvimento![10]

Passado pouco mais de um ano e meio, quando do lançamento de *O estranho mundo de Zé do Caixão* (1968) e

---

9   Em 1978 Jairo filma em Super-8 o média *Horror Palace Hotel ou O Gênio Total*. No caso, o gênio em questão é Mojica Marins, um dos principais personagens do filme.
10 "Os blefes do Mujica" in *São Paulo Shimbun*. São Paulo, 23/03/1967.

dos inúmeros cortes e restrições que o filme sofreu pela censura federal, as opiniões de Jairo Ferreira a respeito da obra e da figura de Mojica Marins já são radicalmente outras, como evidencia o título de artigo publicado em novembro de 1968, "Mojica, cineasta antropofágico". A partir deste momento, Jairo vê Mojica e Ozualdo Candeias como precursores do cinema experimental/marginal nos anos 60, do que viria a classificar como "cinema de invenção" no futuro. Após descrever as inúmeras cenas violentas e escatológicas do filme de Mojica, o crítico sai em defesa do cineasta, em artigo alinhado à atmosfera pós-maio de 1968, e aludindo aos tropicalistas e à Antropofagia Cultural de Oswald de Andrade:

> Fatos como as torturas oriundas do estado discricionário ou o recente massacre de nossos índios fundamentam a escatologia marinsiana. Mojica surge como primitivo-surrealista porque filma a realidade brasileira pelo avesso, pelo subjetivo. O terror artificial de certo cinema estrangeiro vira realidade. O parnasianismo da Rapaziada do Brás, melodia de som lírico em caixinha de música, vira cinema dantesco nas mãos de Mojica. Era preciso muita coragem para filmar tudo isso: Mojica assumiu essa estrutura, como pioneiro, semi-vanguardano cinema de linguagem chanchadística que foi e ainda é o cinema brasileiro. Criticá-lo por usar música de Edgar Varèse, ele que não tem grana para contratar Duprat ou Os Mutantes? Por ser picareta? Não: se existe o Chacrinha, então tudo é permitido...
> É proibido proibir, diz Caetano.
> Repudiar Mojica é fácil, o difícil é degluti-lo. Os que com seriedade conseguiram fazê-lo sentirão o fantástico sabor do homem brasileiro gangrenado, tipo classe-média-para-baixo – vítima antecipada da

pseudo-revolução industrial que estamos vivendo. Devorem o Mojica![11]

Após o lançamento dos primeiros filmes do grupo marginal, que já vinha se estabelecendo no esquema de produção da Boca[12] no final de 1968, Jairo se demonstra alinhado ao grupo, e abre um generoso espaço em sua coluna para os cineastas que estão começando, se tornando divulgador e cronista da produção que acompanhava de perto, exercendo funções em diversos filmes. Acompanha a produção de jovens realizadores como Carlos Reichenbach, Rogério Sganzerla, João Callegaro, João Silvério Trevisan, João Batista de Andrade, entre outros, escrevendo não apenas sobre os filmes, mas também sobre projetos desse pessoal e os acontecimentos e notícias do ambiente da Boca. Vistas de hoje, essas críticas de Jairo Ferreira se tornaram uma vasta documentação do Cinema Marginal paulistano e da produção da Boca do Lixo, em artigos com títulos como "Noticiário da Boca do Lixo", "Lances do lixão", "O delírio da Boca"[13] etc. Em fragmento de crítica de meados de 1970, com o título sugestivo de *O lixão vai vomitar*, entre notícias sobre cineasta e projetos, pode-se apreender algumas questões que pairavam naquele momento específico do cinema brasileiro:

> Subterrâneo, o novo cinema bandeirante dos dias do metrô & viadutos, não apenas volta-se e revolta-se contra

---

11 "Mojica, Cineasta Antropofágico" in *São Paulo Shimbun*. São Paulo, 28/11/1968.

12 Para um maior aprofundamento acerca deste período, ver: ABREU, Nuno Cesar. *Boca do Lixo: cinema e classes populares*. Campinas, SP: Editora Unicamp, 2006; e GAMO, Alessandro. *Vozes da Boca*. Tese de doutorado – IA/Unicamp, Campinas, 2006.

13 Vários destes artigos estão reunidos em: GAMO, Alessandro. *Críticas de Jairo Ferreira / Críticas de invenção: os anos do São Paulo Shimbun*. São Paulo: Imprensa Oficial, 2006.

tudo o que o antecedeu, como também nada conceitua, nada propõe. A coragem de romper é impressionante em Gamal. Mojica Marins está 50 anos pra frente do Buñuel – Ritual dos Sádicos, seu melhor filme, vai dar o que falar. Em São Paulo está surgindo um movimento cinematográfico: a substituição pura e simples da certeza pela incerteza, do estável pelo instável, uma total recusa ao fixo e ao correto. O mau comportamento, enfim. Uma fase desorientada, porém criticíssima.[14]

Como se nota pelo trecho acima, a postura crítica em relação ao Cinema Novo e seu ideário e o alinhamento às preocupações estéticas próprias ao Cinema Marginal é bem presente nos escritos de Jairo no *São Paulo Shimbun*, o que se acentuou após a polêmica entrevista[15] de Rogério Sganzerla para *O Pasquim*, no início de 1970, na qual rompe definitivamente com os cinemanovistas. Grande admirador dos primeiros filmes de Glauber Rocha, na opinião de Jairo o cineasta baiano havia "perdido a mão" desde *O Dragão da Maldade Contra o Santo Guerreiro* (1969), o que de certa maneira foi tomado pelo crítico como sinal da "decadência" do Cinema Novo, que estaria sendo suplantado pelo nascente *udigrudi*[16] tupiniquim, mais alinhado às inquietações daqueles tempos conturbados. A contestação e a consequente discórdia com o ideário do Cinema Novo acompanha a produção crítica de Jairo ao longo dos anos. Ainda assim, em raras ocasiões, observa qualidades em

---

14 "Lances do Lixão" in *São Paulo Shimbun*. São Paulo, 25/06/1970.
15 "Helena – Rogério" in *O Pasquim*. Rio de Janeiro, 11/02/1970. Na ocasião, Sganzerla denuncia a suposta degeneração do Cinema Novo, acusando o movimento de conservador e reacionário.
16 Termo usado por Glauber Rocha no final dos anos 1960 para designar (e de certa forma satirizar) a produção que posteriormente foi rotulada de Cinema Marginal.

filmes de cineastas remanescentes daquele movimento; como no artigo "Dragão e Brasil Ano 2000", no qual esculacha Glauber, mas enaltece o filme de Walter Lima Júnior:

> O Dragão tem uns 15% de inovação, taxa irrisória para quem se diz tão revolucionário. É chupado de Deus e o Diabo, e dos outros filmes, como se colorir fosse renovar.
> [...]
> Também em cartaz: *Brasil Ano 2000*. Um filme de Walter Lima Júnior, revelação de simplicidade e talento com *Menino de Engenho*. Representa um salto em sua carreira, pois passou do lirismo para a gozação. Também colorido, mostra os avanços técnicos do cinema nacional, que consegue se desenvolver mesmo pressionado por todas as hostilidades que aí estão.[17]

Em muitos artigos Jairo escreveu sobre as produções das quais participava, filmes como *Audácia!* (episódio *A badaladíssima dos trópicos X os picaretas do sexo*, de Carlos Reichenbach), *O Pornógrafo*, de João Callegaro, *Orgia ou o homem que deu cria*, de João Silvério Trevisan. Quando viajava para participar de alguma filmagem, geralmente como fotógrafo de cena, deixava a coluna a cargo de amigos, como Reichenbach, Inácio Araújo, Márcio Souza, João Silvério Trevisan e João Batista de Andrade.

De certa forma, Jairo Ferreira defendia a produção de alguns filmes comerciais da Boca, a produção de um cinema autoral, mas que buscasse o público, como um caminho que sustentaria a base para um futuro desenvolvimento e industrialização do cinema brasileiro. Essas características foram logo percebidas nos primeiros

---

17 "O Dragão e Brasil Ano 2000" in *São Paulo Shimbun*. São Paulo, 19/06/1969.

filmes de Rogério Sganzerla, *O Bandido da Luz Vermelha* (1968) e *A Mulher de Todos* (1969), e de Reichenbach e sua Xanadú Produções Cinematográficas, os filmes de episódios *As Libertinas*[18] (1968) e *Audácia*[19] (1969), todos sucessos de bilheteria e à sua maneira precursores da produção que seria designada como pornochanchada. Mesmo alguns expoentes da produção popular de gênero, que já estava se desenvolvendo na Boca naquele período, tinham sua importância reconhecida pelo crítico, como Oswaldo de Oliveira. Em artigo intitulado *Firmes Nossos*, após criticar a política do INC,[20] Ferreira enaltece a produção popular:

> O Cangaceiro Sanguinário, Art Palácio, filme de "cangaço" que valoriza o gênero, revela Oswaldo de Oliveira como ótimo diretor-artesão. Galante e Llorente, os produtores, acertaram em cheio. O filme é comercial no bom sentido. Aborda o tema não à moda de certos picaretas, mas com honestidade profissional. Uma equipe idônea e eficiente garante o espetáculo. Há violência e erotismo, mas de maneira válida. Direção firme. Atores corretos. Boa música. Bela fotografia eastmancolor. Nada sério demais nem cansativo – isso é bom.[21]

Já no final do ano de 1970, Jairo começa a notar sinais do enfraquecimento do que se pode denominar hoje como o ciclo do Cinema Marginal na Boca do Lixo. Em novembro desse ano, na crítica "Morra a Boca! Viva a Embra!", também se mostra descrente

---

18   Filme em três episódios, de Reichenbach, Callegaro e Antônio Lima.
19   Filme em dois episódios, de Reichenbach e Antônio Lima.
20   Instituto Nacional de Cinema, criado em 1966.
21   *Firmes Nossos* in *São Paulo Shimbun*. São Paulo, 01/05/1969.

com os caminhos que a recém criada Embrafilme[22] apontava para o cinema brasileiro nos primeiros anos da década: "Para 71, o cinema oficializado pela Embrafilme, o cinema industrial brasileiro, com filmes coloridos e produção bem cuidada. Silêncio."[23]

É certo que após o enorme sucesso de bilheteria das primeiras comédias eróticas produzidas na Boca, como *Adultério à Brasileira* (1969), de Pedro Carlos Rovai, filmes radicais como os do grupo marginal não encontrariam mais financiamento naquele ambiente de produção. Além disso, no decorrer do enrijecimento pós AI-5, vários filmes ficaram embargados pela censura, e foi natural naquele contexto que alguns cineastas seguissem caminhos mais herméticos, e que de fato não se enquadravam dentro dos códigos comerciais de produção da Boca. Poucos conseguiram sobreviver e seguir carreira naquele ambiente, como no caso específico de Carlos Reichenbach, que soube realizar, dentro das regras de produção da Boca, filmes extremamente autorais.

Esse clima e o sentimento do fim de um ciclo se manifestam na coluna de Jairo já em meados de 1971, quando cita dois filmes dos quais participou da produção, e que estavam prestes a estrear nas salas de cinema, *O Pornógrafo* e *Orgia ou o homem que deu cria*. No artigo intitulado *No écran, O Pornógrafo*, escrito em maio desse ano, tal atmosfera fica bastante perceptível. Sobre a estreia do filme de Callegaro, e a longa demora que filmes vinham sofrendo na espera do certificado que autorizava a entrada em cartaz, então emitido pelo INC, Jairo escreve:

> A coluna não é mais porta-voz da Boca. O tempo é dos esquizofrênicos. Caos mental. Atormentados, os

---

22 Empresa Brasileira de Filmes, estatal criada no final de 1969.
23 "Morra Boca! Viva Embra!" in *São Paulo Shimbun*. São Paulo, 05/11/1970.

> diretores sá vão à Boca pra saber quando é que o INC vai dar certificado, quando é que os filmes vão sair das prateleiras. Veja aí quanto é que me cabe desse borderô, anda logo, não estou com tempo pra perder aqui. [...]
> Pois é, João Callegaro e *O Pornógrafo* finalmente em cartaz a partir de hoje nos cines Augustus e Marachá. O colega Callega, que picha os pichadores, compila compilações, agora consagrado pelo Biáfora!"[24]

Mais adiante no mesmo texto, citando *Orgia*, longa de Trevisan, prossegue no mesmo tom:

> Reflexos do caos. O filme que abriu a dita Boca foi indiscutivelmente *O Bandido da Luz Vermelha*. [...] Se o Bandido abriu a Boca, *Orgia* fecha, ou inicia uma fase sem rótulo e mais original. Cinemanônimo. Sem aquela de colonialismo JS Trevisan surgiu como coveiro dos talentos forjados, dos compiladores.[25]

Orgia ou o homem que deu cria não estrearia nas salas de cinema em menos de dez anos. Entre outros filmes radicais do período, teve sua exibição comercial negada pela censura, e só foi liberado após o abrandamento do regime militar, no início dos anos 1980. Fato que colocaria um ponto final na carreira de cineasta do futuro escritor João Silvério Trevisan, que se desmotivou em seguir a profissão após a interdição de seu primeiro longa-metragem.

Outra característica da coluna de Jairo Ferreira no *Shimbun* foi, desde o início, noticiar suas pretensões como realizador de

---

24 "No écran, O Pornógrafo" in *São Paulo Shimbun*. São Paulo, 27/05/1971.
25 *Idem* 23.

cinema, escrevendo sobre os seus projetos pessoais e acompanhando as produções das quais participava. Foi assim com os projetos *Via Sacra* e *Mulher dá luz a peixe*, filmes não finalizados, mas sobre os quais Jairo escreveu em vários artigos, tanto documentando os períodos de produção, como noticiando suas ideias e concepções acerca dos filmes que realizava. Escrevia também sobre a necessidade de viabilizar seus projetos, como no artigo "Procura-se um produtor", de janeiro de 1972:

> No bar do Serafim entreguei meu roteiro a Leon Cakoff. Eram seis da tarde. Chuva. Agora somos dez e vamos fazer um filme e, se o projeto furar, não será o primeiro nem o último. [...]. Filmar ou não filmar, essa é a questão, e só vou começar a existir quando meu primeiro 35 mm estiver nas telas ou na censura, é a mesma coisa. Estrelas fechadas em negativos perfurados.[26]

A partir de fevereiro de 1972 Jairo Ferreira passa a assinar sob três pseudônimos: Ligéia de Andrade, João Miraluar e Marshall MacGang. Esses personagens fictícios passam a "revezar" na assinatura da coluna, e por vezes dividem o espaço da semana, assinado um pequeno texto cada um. Futuramente, Jairo editaria a revista *Metacinema*,[27] com todos os textos produzidos por ele próprio, mas assinados sob os pseudônimos, que também encarnariam como personagens de seu primeiro longa-metragem, *O Vampiro da Cinemateca*, finalizado em 1977. Ligéia de Andrade seria, ainda,

---

26 "Procura-se um produtor" in *São Paulo Shimbun*. São Paulo, 13/01/1972.
27 Revista independente editada por Jairo Ferreira em 1974.

personagem principal em *Nem verdade nem mentira*, interpretada pela atriz Patrícia Scalvi, no curta rodado em 35mm em 1979.

Com as produtoras da Boca do Lixo se firmando cada vez mais na produção de um cinema unicamente comercial, e o consequente fim do ciclo do Cinema Marginal naquele ambiente, Jairo muda o foco principal de sua coluna, que até então suas principais preocupações giravam em torno de documentar e acompanhar aquela produção. O crítico passa a escrever não apenas sobre filmes, mas também sobre a ligação do cinema com outras artes e com assuntos como a cibernética[28] e a semiologia, entre outros:

> Com a Cibernética racionalizando os sistemas, sintetizando-os num "sistema universal", com a Teoria da Informação (em suas etapas sintática, semântica e pragmática) estudando a problemática dos fatos, com o Método Estruturalista subsidiando as linguagens e com a Semiologia estudando as ideias impressas nos sinais, estamos chegando a uma era em que a Comunicação começa a se cientifizar. Com a Sociologia da Arte desde há muito dissecada por Plekanov, resta-nos agora somente uma compreensão do mecanismo emocional do fenômeno artístico, isto é, o estudo psicossomático, genético e biológico da Arte. Mas isto, como já falamos em outros artigos, será coisa para o futuro, para a Civilização Cósmica e seu habitante que já está em formação, o Novo Ser Mutante.[29]

Paralelamente à criação dos personagens, os escritos de Jairo passam a assumir certo clima místico e alegórico. É o que se pode constatar

---
28 Influenciado pelas ideias do teórico da comunicação Marshall McLuhan.
29 "Informação e Linguagem" in *São Paulo Shimbun*. São Paulo, 1972.

em trecho do artigo "Distanciamento Metacrítico", assinado sob o pseudônimo de Marshall MacGang, e publicado em fevereiro de 1972:

> Eu, Marshall MacGang, estou assumindo no lugar de Jairo Ferreira, que viajou rumo às estrelas fechadas em negativos hipersensíveis. Estaria ele pesquisando um cinema laserizado? Teria aderido ao ocultismo eletrônico? Ou será que foi a vítima do esquadrão? Parece que não é nada disso, diz Machado Penumbra,[30] cineasta antropológico/fálico/fágico, que nos informa que o titular recusou-se a embarcar num disco que lhe reservaram os mutantes espaciais. Ele teria alegado que os discos são um meio de transporte já superado, espécie de trenó espacial.

Jairo Ferreira escreve para o *São Paulo Shimbun* até julho de 1972, quando se desliga definitivamente do jornal. Foram no total 252 matérias em quase seis anos, contando com as diversas colaborações de amigos. Foi um momento de rara liberdade, radical e singular na história da crítica de cinema no Brasil. Como costumava dizer, Jairo encarava escrever sobre filmes uma forma de fazer cinema. Não por caso, no capítulo intitulado "Jairo Ferreira: síntese ideogrâmica", de seu livro *Cinema de Invenção*, o autor não aborda seus filmes. Curiosamente, Jairo faz um apanhado de trechos de sua coluna no *Shimbun*, antecedida por um breve texto introdutório no qual esclarece a proposta do capítulo e discorre sobre seu período como crítico do nipo-jornal:

---

30 Pseudônimo usado por Márcio Souza, com o qual assinou textos em ocasiões nas quais substituiu Ferreira na coluna do *Shimbun*.

Este capítulo não é exatamente uma seleção de textos que publiquei – sempre às quintas-feiras – num dos jornais da maior colônia japonesa fora do Japão, o diário *São Paulo Shimbun*, entre 1966 e 1972, graças ao apoio total de Mizumoto Kokuro na sala que funcionava no bairro da Liberdade.

Não se trata, também, de uma pequena antologia. Acho que o melhor é encarar a monstruosidade como tentativa de aplicação do paideuma poundiano (a ordenação do conhecimento de modo que o próximo homem – ou geração – possa achar, o mais rapidamente possível, a parte viva dele e gastar o mínimo de tempo com itens obsoletos. Pound teria colocado não só a crítica mas a arte de seu tempo em palpos-de-aranha & no *Shimbun* entrei-nessa-saindo-dessa). Estilhaços de uma verdadeira síntese ideogrâmica, não raro vista com outros olhos.

Crítica criativa: crítica poética: crítica de invenção: sintonia experimental, visionária e intergalaxial em nosso cinema.[31]

Nos anos que se seguem Jairo Ferreira inicia a realização de seus primeiros filmes e continua escrevendo e editando publicações independentes. Participa de diversas produções populares da Boca do Lixo, em boa parte filmes produzidos pela Servicine de A.P. Galante e Alfredo Palácios, sobretudo como fotógrafo de cena e na seleção musical. Em 1976 passa para a grande mídia, como crítico de cinema da *Folha de S. Paulo*.

---

31 Trecho do livro *Cinema de Invenção*, 1986.

Os anos na Folha de S. Paulo

Jairo Ferreira foi contratado como crítico de cinema da *Folha de S. Paulo* em agosto de 1976. Segundo Carlos Reichenbach e Inácio Araújo, quem o convidou para escrever na *Folha* foi Tarso de Castro, jornalista de verve contracultural e polêmica, e um dos criadores e principais articuladores do tabloide *O Pasquim*. No início, Jairo escreve sobre a programação de filmes na televisão, mas logo começa a ganhar maior espaço no jornal.

Após sua saída do *São Paulo Shimbun*, Jairo colabora com a revista alternativa *Cinegrafia*,[32] além de editar a sua própria revista independente, a *Metacinema*,[33] na qual escreve todos os textos, além de produzir esparsas colaborações em outras publicações. Continua convivendo no ambiente cinematográfico da Boca do Lixo, e suas atividades principais nesse período são as funções que exerce em pornochanchadas e outras produções populares, como fotógrafo de cena e na seleção musical de diversos filmes. Em 1973 finaliza seu primeiro curta-metragem, *O guru e os guris*, produzido por Carlos Reichenbach e filmado em 35mm. Em 1975 filma em Super-8 os curtas *Ecos caóticos* e *O ataque das araras*; e inicia a rodar *O Vampiro da Cinemateca*, seu primeiro longa-metragem em Super-8, finalizado em 1977.

Os anos como crítico da *Folha*, até 1980, foram um período bastante produtivo na vida de Jairo, no qual conseguiu atingir certo equilíbrio e estabilidade financeira, e no qual realizou a maior parte de seus filmes; afora o reconhecimento proporcionado por trabalhar em um jornal de grande circulação e visibilidade. Para compensar o

---

32   Revista editada por Carlos Reichenbach e Inácio Araújo em 1974.
33   Editada por Jairo Ferreira em 1974.

pouco espaço que por vezes a crítica cinematográfica possui na grande mídia, Jairo pode expandir seu espectro como crítico e sua verve de escritor colaborando de tempos em tempos com outras publicações, como as revistas *Fiesta Cinema*[34] e *Cine Olho*,[35] nas quais geralmente dispunha de maior espaço para desenvolver suas ideias.

É relevante contextualizar o período em que Jairo trabalhou na *Folha*, bem como o momento histórico no qual se encontravam a produção, distribuição e exibição de cinema no Brasil. O ciclo do Cinema Marginal, fundamental para a formação de Jairo tanto como crítico – no período do *Shimbun* –, quanto como cineasta, havia ficado para trás. Na Boca do Lixo paulistana o que ditava o ritmo eram as produções de apelo popular e erótico, o "similar nacional"[36] dos filmes de gênero, taxadas sob o rótulo generalizante de pornochanchada. De outro lado, o cinema "oficial" produzido no Brasil era financiado e distribuído pela Embrafilme.[37]

Obviamente é esse contexto que dita algumas das principais preocupações do crítico Jairo Ferreira em relação ao cinema brasileiro nesse período; a Boca e seu esquema de produção independente e desvinculado ao Estado, em geral filmes de baixo orçamento financiados pelos próprios produtores, que dependiam totalmente da resposta do público; a Embrafilme em sua fase mais potente de atuação, sob o comando de Roberto Farias, na busca de criar as bases para uma indústria cinematográfica no Brasil. Sem esquecer a produção do chamado Beco da Fome, na Cinelândia, espécie de versão carioca da produção da Boca.

---

34   Publicação popular da Boca do Lixo.
35   Periódico independente carioca.
36   ABREU, Nuno Cesar. *Boca do Lixo: cinema e classes populares*. Campinas, São Paulo: Editora Unicamp, 2006.
37   Em 1973 a Embrafilme se torna também distribuidora.

Se no *São Paulo Shimbun* Jairo dispunha de total livre-arbítrio para escrever sobre o que bem quisesse, num jornal como a *Folha de S. Paulo* isso seria relativo. Jairo cumpre as funções burocráticas de um contratado, escrevendo em certos períodos sobre os "filmes da TV", notas sobre a programação dos cinemas e críticas sobre lançamentos de filmes. Escreve sobre notícias do universo cinematográfico, lançamentos de produções hollywoodianas, Oscar; mas também editoriais sobre novos filmes de grandes cineastas, como Bergman, Fellini etc.; cobre a morte de personalidades como Hitchcock, Hawks e Langlois. Mas é fato que nunca abandou seu estilo de escrita e seu humor por vezes mordaz, e que sempre se manteve fiel às suas opiniões e ideias.

Ainda assim, dispunha de ampla liberdade, escrevendo frequentemente – e na grande maioria das vezes – sobre os assuntos de seu principal interesse, relativos ao cinema brasileiro. Escreve sobre a continuidade da carreira de cineastas e os novos filmes do grupo marginal/experimental; e sobre temas como a produção de curtas-metragens, o cinema Super-8, cineclubes, festivais e circuito alternativo de exibição. A verve cômica e poética de sua escrita continuava presente, talvez algo inimaginável para a crítica cinematográfica, na grande mídia, nos dias de hoje. Integra também a equipe do suplemento dominical de cultura *Folhetim*,[38] criado por Tarso de Castro em 1977, no qual podia publicar notas espirituosas sobre polêmicas, notícias e os bastidores do cinema experimental, da Boca etc., bem como algumas entrevistas mais descontraídas.

Como toda a crítica cinematográfica daqueles tempos, Jairo é bem crítico em relação à produção geral da Boca do Lixo, rotulada

---

38 Primeiro caderno cultural "alternativo" dentro da grande mídia, seguindo as tendências de irreverência e certa marginalidade de *O Pasquim*.

como pornochanchada. Ainda sim, escreve sem preconceitos, e com certa simpatia por diretores, produtores e técnicos, pelos "habitantes" daquela região na qual convivia e que conhecia tão bem; ou seja, continuava escrevendo sobre a Boca como alguém que conhecia aquele ambiente de dentro, de maneira por vezes sarcástica, mas quase sempre generosa:

> Quem passa pela rua do Triunfo, nas imediações da Estação da Luz, logo percebe uma estranha mistura de hotelecos, barbearias, botequins de segunda categoria e dezenas de vitrines com cartazes de cinema. No trecho entre a rua Vitória e Gusmões, em especial, concentra-se a qualquer hora do dia uma fauna das mais originais, mas que certamente não se confunde com a fauna noturna que domina a área. "Não é moralismo não, mas a polícia nunca me pediu documento aqui no pedaço, porque eu posso ter cara de marginal, mas sou antes de tudo um profissional de cinema", diz um conhecido técnico que faz ponto no bar Soberano.[39]

Foi um dos poucos críticos do período a levar algumas produções populares da Boca a sério, sobretudo as de diretores/produtores como Jean Garrett e Cláudio Cunha. Durante aqueles anos a produção da Boca vinha numa crescente, tanto no que diz respeito a quantidade de filmes produzidos quanto ao número de espectadores que estes conseguiam alcançar, e surge uma nova geração de diretores e produtores "empenhada em realizar filmes formalmente mais cuidados, consolidando, em seu âmbito, reputações artísticas e

---

39 "O Lixo – A Boca faz dez anos" in *Folha de S. Paulo*. São Paulo, 14/01/1977.

financeiras",[40] e da qual cineastas como Garrett e Cunha faziam parte, com filmes que conseguiram grande êxito comercial.

Na ocasião do lançamento de *Snuff: Vítimas do Prazer* (1977), filme de Cláudio Cunha com roteiro de Carlos Reichenbach, Jairo publica uma extensa matéria na capa da *Ilustrada*,[41] com o título sugestivo "O terror invade a pornô", com depoimentos do diretor e do roteirista. O crítico abre espaço para os realizadores do filme, tratando a produção, um filme de gênero da Boca, de forma séria. Cobre também outras estreias de Cunha, como *Amada Amante* (1978), seu filme de maior bilheteria, e continua defendendo um tipo de cinema popular e de "qualidade", como já fazia nos tempos do *São Paulo Shimbun*.

Mas é para o cinema de Jean Garrett que Jairo abre mais espaço, mostrando admiração pelo diretor em extensas coberturas durante os lançamentos de filmes como *Excitação* (1976), *Noite em Chamas* (1977), *A Força dos Sentidos* (1978) e *Mulher, Mulher* (1979). Em trecho da matéria intitulada *O fantástico Jean Garrett*, durante a mostra Perspectivas do Cinema Brasileiro, realizada no MASP em 1980, tem-se um resumo de todo o entusiasmo que o crítico nutria pelo cinema praticado por Garrett no fim dos anos 1970:

> Em *A Força dos Sentidos*, o cineasta reafirma seu talento, total domínio da narrativa, sensibilidade inusitada para o inusitado, os temas fantásticos, aqui aliado com felicidade ao erotismo que garantirá a boa bilheteria do filme. Conseguir isso não é fácil: pode-se dizer que Garrett não faz concessões. Está se depurando cada vez mais e o próximo filme é sempre aguardado com

---

40 ABREU, Nuno Cesar. *Boca do Lixo: cinema e classes populares*. Campinas, São Paulo: Editora Unicamp, 2006.
41 Caderno de cultura da *Folha de S. Paulo*.

maior expectativa. *A Força dos Sentidos*, como *Mulher, Mulher*, foi filmado em Ilhabela e tira total partido do clima fantástico da ilha, cenário que Hollywood inveja e não pode imitar. Quem imita – e bem – é Garrett, que sempre foi ligado em cinema de horror, suspense e policial. Seu fotógrafo predileto, desde *Excitação* (1976) é Carlos Reichenbach, que vem da melhor fase da Boca do Lixo (1967/71).[42]

Escrevendo constantemente sobre a Boca, Jairo permanece atento a continuidade da carreira dos cineastas de "invenção" que ainda sobreviviam por lá, notadamente Ozualdo Candeias e Carlos Reichenbach. O primeiro continuou sempre independente em seu cinema, enquanto o segundo se enquadrou aos padrões e normas de produção da Boca, mas sempre conseguindo realizar filmes livres e autorais. Escreve também sobre José Mojica Marins, com admiração pelo passado mas sem se empolgar com seus novos filmes; e sobre o cinema de Walter Hugo Khouri – pelo qual nutria sentimentos ambíguos –, impressionando-se positivamente com o longa *As Filhas do Fogo* (1978):

> *As Filhas do Fogo*, de Walter Hugo Khouri, a mais inaudita e inquietante experiência na área do horror poético, desde que José Mojica Marins inventou o gênero no cinema nacional (seu filme "Ritual dos Sádicos", em 1969, continua proibido pela Censura), estreia hoje [...]. De saída, porém, é bom esclarecer que o único ponto comum entre um cineasta e outro é o horror poético, mas com uma diferença fundamental: Mojica faz

---

42 "O fantástico Jean Garret" in *Folha de S. Paulo*. São Paulo, 07/02/1980.

horror grosso, Khouri fez um horror finíssimo. Khouri sempre foi um intelectual [...].[43]

Sempre que escreve sobre Ozualdo Candeias, Jairo aproveita para fazer um histórico do ciclo experimental na Boca, que para ele teve como precursor *A Margem*, longa de Candeias de 1967. Jairo dá grande destaque para o cinema de Candeias, um de seus cineastas de cabeceira, em circunstâncias nas quais dificilmente outro crítico daria; no lançamento do curta-metragem *Bocadolixocinema ou Festa na Boca* (1976), ocasião propícia para tratar sobre a Boca; e durante as filmagens de *Aopção ou As Rosas da Estrada*[44] (1981), na época interrompidas por falta de dinheiro. Em ambas as situações Jairo escreve longas matérias com depoimentos de Candeias, que dimensionam o reconhecimento do crítico à independência do cineasta:

> *Boca do Lixo/Cinema – 31/12/76* é o último trabalho de Ozualdo *A Margem* Candeias, um dos cineastas mais representativos do cinema que se faz em São Paulo, isto é, na Rua do Triunfo, e o único que, nos últimos dez anos, assumiu todos os riscos de fazer um cinema fora dos padrões normais em termos de produção e estética cinematográfica [...]. Considerado "o último dos marginais", ou um "marginal entre os marginais", Candeias já está com um roteiro pronto para seu próximo longa-metragem, que será realizado em branco e preto, contrariando

---

43 "Os mundos paralelos de Khouri" in *Folha de S. Paulo*. São Paulo, 05/03/1979.
44 Candeias começou a rodar *Aopção* em 1977; Jairo Ferreira participou do filme como ator.

os padrões vigentes, utilizando o mínimo de recursos e "fazendo das tripas coração".[45]

Desde que realizou *A Margem*, em 1967, Ozualdo Candeias vem desempenhando – com uma coerência espantosa – o papel de medula e osso na geleia geral do cinema brasileiro. Numa época em que o Cinema Novo já demonstrava sintomas de saturação, ele deu novo impulso às condições de produção do cinema independente, essa mesma tendência salutar – autêntico símbolo de liberdade em todos os sentidos – que o atual movimento Cinemão vem procurando massacrar sistematicamente com suas medíocres "Damas do Lotação" e "Cortiços" execráveis.[46]

Jairo dá grande destaque para o lançamento de *A ilha dos prazeres proibidos* (1979), filme de Carlos Reichenbach produzido por Antônio Polo Galante, publicando uma longa entrevista com o cineasta na primeira página da *Ilustrada*, intitulada "Anarquia poética contra o Cinemão". Em matéria posterior escreve sobre o filme, que por ter sido uma produção rodada dentro dos padrões da Boca não foi bem recebido pela crítica em geral, apesar de seus inegáveis elementos poéticos e autorais. Jairo defende o filme de Reichenbach, como um tipo cinema que agrega fatores populares e autorais, sendo ao mesmo tempo pessoal/experimental e comercial.

A partir da próxima segunda-feira, estará em cartaz um novo filme paulista, que muitos não hesitarão

---

45 "Candeias: Malfadada ou esquecida, a Boca do Lixo está sumindo" in *Folha de S. Paulo*. São Paulo, 22/07/1977.

46 "Candeias, opção do cinema independente" in *Folha de S. Paulo*. São Paulo, 13/06/1978.

em classificar como "mais uma pornochanchada da Boca do Lixo". O título nem sequer disfarça essa impressão: *A Ilha dos Prazeres Proibidos*. O produtor é A.P. Galante, capaz de fazer ao mesmo tempo os piores e os melhores filmes. O diretor, porém, é Carlos Reichenbach, hoje um dos cineastas mais polêmicos do cinema brasileiro: "Sob o rótulo de pornochanchada, bilheteria certa, ocultam-se hoje os biscoitos finos da produção independente".[47]
A crítica, com raras e confusas exceções, malhou *A Ilha dos Prazeres Proibidos*, lançado no início do ano, mas isso não influiu absolutamente nada na carreira comercial do filme, que já rendeu quase seis milhões de cruzeiros em menos de dois meses de exibição, isto é, já pagou quase cinco vezes o que custou. [...]. O público consumidor está condicionado a um determinado repertório em circulação, que inclui mil variações em torno de violência e mulheres de pouca roupa. Reichenbach introduziu, sutilmente, dados poéticos, políticos e policiais nesse repertório e o resultado poucos entenderam e muitos consumiram. Cinema de sugestão e digestão. *A Ilha dos Prazeres* é ao mesmo tempo um manifesto libertário e uma crônica do exílio, voluntário ou não, ambientado nas fronteiras brasileiras (incluindo a invenção de uma geografia inquietante) do cinema comercial e pessoal.[48]

As ressalvas de Jairo em relação à atuação da Embrafilme ficam evidentes, quando se posiciona contra a produção que

---

47 "Anarquia poética contra o Cinemão" in *Folha de S. Paulo*. São Paulo, 12/01/1979.
48 "Homenagem a Billy Wilder em comédia de Reichenbach" in *Folha de S. Paulo*. São Paulo, 03/03/1979.

identifica como "movimento Cinemão", a qual considerava como o cinema "oficial" produzido no Brasil naquele período. Essa foi a fase mais forte de atuação da Embrafilme na produção e distribuição de filmes, alcançando grande sucesso de bilheteria em produções nacionais como *Dona flor e seus dois maridos* (1976), dirigido por Bruno Barreto, e *A dama do lotação* (1978), de Neville D'Almeida. O cinema brasileiro, como um todo,[49] vinha numa crescente, devido à políticas de Estado[50] no âmbito da exibição e ao alto nível de investimento da Embrafilme, cujos filmes contratados atingiram no ano de 1978 a marca expressiva de 21.790.564 espectadores.[51]

As principais críticas de Jairo em relação ao "Cinemão" produzido pela Embrafilme foram que, enquanto apenas um seleto grupo de produtores e diretores, já estabelecidos, era beneficiado com amplos recursos, os produtores independentes e os novos realizadores ficavam à margem de incentivos. Ligada a setores remanescentes do Cinema Novo, com sede no Rio de Janeiro e buscando ampliar o mercado do cinema brasileiro, a Embrafilme não mostrava grande interesse pelo cinema experimental, e muito menos por qualquer das produções independentes da Boca do Lixo paulistana, em geral estigmatizadas como "pornochanchadas".

Dentro deste contexto, fica claro de que "lado" o crítico Jairo Ferreira vai invariavelmente se posicionar: a favor do cinema experimental e independente, que tinha como inventivo; e contra o cinema "oficialesco", o qual considerava na maioria das vezes estagnado e conservador. Praticamente todos os textos escritos sobre a

---

49 A produção independente da Boca também vinha em alta naqueles anos.
50 As leis de obrigatoriedade de exibição de filmes brasileiros nas salas de cinema.
51 GATTI, André Piero. *Embrafilme e o cinema brasileiro*. São Paulo: Centro Cultural São Paulo, 2007.

Embrafilme na *Folha* mostram discordância quanto à divisão dos recursos, a forma como se fazia e seleção dos filmes incentivados, como no artigo intitulado "Cinemão, a receita da Embrafilme", escrito em meados de 1978, no qual, entre depoimentos e queixas de Candeias e Reichenbach, além de denúncias que sugeriam superfaturamento[52] por parte de produtores dos projetos financiados, Jairo expõe o seu ponto de vista:

> Essa experiência retumbante e ufanista do movimento Cinemão, como se vê, beneficia alguns e desfavorece outros. Não há nenhuma dúvida de que o cinema brasileiro vai muito bem, mas só para alguns setores da Embrafilme. A conquista de mercado interno está na sua melhor fase e agora até os banqueiros se interessam por cinema nacional. Entretanto, isso está sendo conseguido à custa do sacrifício do produtor independente, uma raça ameaçada de extinção caso não receba urgentemente medidas de apoio. Algo que, lamentavelmente, parece não estar preocupando a Embrafilme, que agora acaba de anunciar mais quatro superlançamentos, além de encomendar a produção de meia dúzia de filmes do gênero *A Dama do Lotação*.[53]

---

52 "[...] a Embrafilme poderia coproduzir um filme e depois pagar um adiantamento de receita para o mesmo produtor. Essa metodologia de trabalho criaria um dos piores vícios do cinema brasileiro: o produtor poderia ter o orçamento total do seu filme bancado pela empresa, o que significava dizer que a Embrafilme, na prática, entraria com todo o risco do negócio. O produtor também poderia levar um bom naco do orçamento para o seu próprio bolso através do esquema de superfaturamento de prestação de serviços e contratação de terceiros, como é sabido informalmente por quem se encontrava no circuito." GATTI, André Piero. *Embrafilme e o cinema brasileiro*. São Paulo: Centro Cultural São Paulo, 2007, p. 29.

53 "Cinemão, a receita da Embrafilme" in *Folha de S. Paulo*. São Paulo, 10/05/1978.

O posicionamento de Jairo Ferreira em relação a estas questões do cinema brasileiro, de forma geral, não visava apenas defender os interesses e os filmes de um grupo, o do Cinema Marginal, ou dos produtores independentes. Acima de tudo o crítico sempre defendeu o cinema que considerava de qualidade e inventivo, tendo este apelo popular ou não. Reconhecia a importância das pornochanchadas da Boca e do "Cinemão" da Embrafilme para a ampliação do mercado interno do cinema brasileiro, mas os discernimentos que pautavam suas opiniões eram geralmente ligados as suas preferências pessoais. Suas percepções sempre foram livres e mutáveis, longe de qualquer regra rígida ou academicismo, um impressionismo sujeito a fatores muitas vezes de ordem subjetiva, mas que sempre seguiam a lógica de defender o tipo de cinema que admirava, o que tendia para o experimental, audacioso ou fora do lugar comum.

Dentro deste contexto, tratando sobre produções da Embrafilme, o crítico poderia receber de maneira negativa filmes realizados por cineastas dos quais era amigo e que de maneira geral admirava, como *A Dama do Lotação*, de Neville de Almeida, que após dirigir tal filme teria deixado de lado seu início experimental e abandonado o experimental para aderir ao "movimento Cinemão". De fato, o que Jairo mais criticava em produções da Embrafilme daquele período eram os filmes que facilitavam a narrativa visando apenas o sucesso de bilheteria. Em matéria sobre *A Dama do Lotação*, que posteriormente atingiria mais de sete milhões de espectadores,[54] após apontar a simplificação do texto de Nelson Rodrigues por parte do filme, explorando apenas o erotismo na obra do escritor, escreve:

---

54 GATTI, André Piero. *Embrafilme e o cinema brasileiro*. São Paulo: Centro Cultural São Paulo, 2007.

> Essa sintonia é o que eu chamo de movimento Cinemão, cujo princípio básico é simplificar a narrativa para chegar ao maior número de espectadores, o que está sendo conseguido tranquilamente. [...]
> Em suma: o diretor Neville de Almeida, que realmente demonstra entender de cinema (ao menos sabe fazer um campo e contracampo sem "quebrar o eixo", coisa que não acontece em *O Cortiço*,[55] por exemplo) está com tudo para se recuperar dessa queda. Espera-se que ele fature bastante para livrar-se dos abutres e retornar brevemente à produção independente, que é o seu negócio. *A Dama do Lotação*, embora não tenha maior substância existencial, é um filme exemplar do ponto de vista técnico.[56]

Enquanto Jairo observava que Neville de Almeida teria abdicado ao passado experimental em prol das facilidades do cinema comercial, podia também notar predicados de invenção em filmes do chamado Cinemão. Essa "sintonia experimental", já constatada anteriormente em *Amor, Carnaval e Sonhos* (1973), dirigido por Paulo César Saraceni, foi notada sobretudo em *A Lira do Delírio* (1978), filme de Walter Lima Jr. Jairo já admirava o cinema de Walter Lima, diretor ligado ao Cinema Novo, desde a época do *São Paulo Shimbun*, quando elogiou *Brasil Ano 2.000* (1969). Não foi diferente com *A Lira do Delírio*, produção da Embrafilme que, na visão do crítico, agregaria tanto características do Cinemão quanto do experimental. Na ocasião de lançamento do filme, Jairo publica matéria de destaque intitulada "O cinema delirante de Walter

---

55 Filme de 1978, dirigido por Francisco Ramalho Jr.
56 "A dama e os valetes do lotação" in *Folha de S. Paulo*. São Paulo, 21/04/1978.

Lima", além de uma extensa entrevista[57] para o *Folhetim*, chegando a conclusão de que o filme do diretor estaria menos alinhado as preocupações estéticas e políticas do Cinema Novo e mais próximo ao cinema experimental:

> Em consonância com isso está Rogério Sganzerla quando afirma que "tudo é uma coisa só e isso é tudo". Ou seja, não há diferença entre o Cinema Novo que revolucionou o cinema brasileiro de 1962 a 1967 e o experimental que radicalizou essa experiência entre 1967 e 1971. As broncas pessoais emperraram o processo, mas agora aí está um Walter Lima Jr. assumindo que o experimental sempre existiu: "A fase mais rica do cinema brasileiro não é a do Cinema Novo, mas justamente essa que veio em seguida e perdura até hoje. Essa é a fase mais interessante porque está baseada na invenção, na poesia, na metáfora, no trabalho de criação avançada, peculiaridade do cinema nacional que, justamente por não ter uma infra-estrutura, possibilita esse descompromisso com e em relação à indústria. Em lugar de falar em experimental eu prefiro falar em invenção e em aventura."[58]

Escrevendo sobre a continuidade da carreira dos cineastas experimentais/marginais, Jairo abre espaço considerável para realizadores e vertentes de cinema que dificilmente receberiam atenção por parte da grande mídia. De maneira geral, sempre defendeu o curta-metragem, tanto como formato propício à experimentação como enquanto oportunidade para o surgimento de novos realizadores.

---

57 "Cinema e Liberdade" in *Folha de S. Paulo*. São Paulo, 24/06/1979.
58 "O cinema delirante de Walter Lima" in *Folha de S. Paulo*. São Paulo, 18/07/1979.

Além de tratar sobre os já mencionados curtas de Ozualdo Candeias, Jairo acompanha igualmente curtas de outros companheiros de Cinema Marginal, como *O Universo de Mojica Marins*[59] (1978), documentário de Ivan Cardoso, e *Noel por Noel*,[60] curta finalizado por Rogério Sganzerla em 1981. Em ambos os casos produz artigos longos de primeira página, contento as já costumeiras digressões sobre os cineastas e suas respectivas trajetórias. Em nota informal no *Folhetim*, durante a estreia do curta de Cardoso no Festival de Brasília de 1978, pode-se ter uma boa ideia da forma como Jairo abordava os assuntos relativos à produção de curtas naquele período:

> Outro dia me perguntaram: "Por que você, que defendeu tanto a implantação da lei do curta metragem, não fez sequer uma crítica dos curtas que estão em cartas nos cinemas?" Tive que dar uma resposta que não é a que eu gostaria: "Porque são muito ruins. Os bons curtas que eu conheço não estão sendo distribuídos pela Embrafilme. Acho que inclusive isso é uma forma de sabotagem, não da Embra, mas talvez dos exibidores, que fazem questão de escolher os piores documentários do Primo Carbonari para cumprir a lei. Além de exibir o cine jornal do Carbonari, "Amplavisão", tem também um documentário do homem. Ora, dose dupla de Carbonari é demais!" Ainda há pouco, para ver um bom curta, eu tive que ir não a um cinema propriamente dito, mas a um laboratório de cinema. Aí foi exibido *O Universo de Mojica Marins*, de Ivan Cardoso. Esse filme eu acho melhor

---

59 "Uma nova imagem e Zé do Caixão" in *Folha de S. Paulo*. São Paulo, 24/07/1978.
60 "A vida de Noel Rosa, na visão de Sganzerla" in *Folha de S. Paulo*. São Paulo, 06/09/1979.

do que muitos longas que estão por aí. O filme irá participar do Festival de Brasília, [...].

Um capítulo à parte foi a cobertura de Jairo Ferreira durante o 11º Festival de Brasília do Cinema Brasileiro, em julho de 1978, que pode ser considerada emblemática deste seu período trabalhando na *Folha*, bem como de toda a sua atuação como jornalista e crítico de cinema. Neste ano, afora a competição oficial, marcada por produções da Embrafilme, ocorreu a mostra paralela *O Horror Nacional*, "composta de doze filmes semi-interditados, pouco vistos ou recusados na mostra oficial".[61] Enquanto a competição oficial exibia os filmes do "Cinemão", o evento paralelo reuniu produções experimentais de cineastas como Bressane, Sganzerla, Ivan Cardoso e Elyseu Visconti, entre outros. Ou seja, os legítimos representantes do "cinema de invenção".

Foi a conjuntura ideal para a turma do Cinema Marginal manifestar todo o seu descontentamento com a situação do cinema brasileiro, a censura e a atuação da Embrafilme. Durante a semana do Festival, Jairo fez da cobertura do evento uma espécie de diário de bordo, aproveitando a ocasião para expor com maior veemência seu já manifesto ponto de vista crítico em relação à produção predominante naquele período:

> Aparentemente bem feitos, certinhos e quadrados, os filmes da mostra oficial, alguns identificados plenamente com o chamado cinemão, são na verdade totalmente falsos, impondo ao público um padrão técnico que ninguém pediu, inclusive porque fazer filme bem feito é

---
61 "A vitória de um horror poético e generoso" in *Folha de S. Paulo*. São Paulo, 29/07/1978.

característica do cinema americano. O cinema nacional só deixa patente sua autenticidade quando foge a esse esquema pré-fabricado para consumo rasteiro, e seu representante neste festival é o horror: filmes de Mojica Marins, Ivan Cardoso, Júlio Bressane, Rogério Sganzerla, Elyseu Visconti e Fernando Coni Campos, um horror altamente poético que foi marginalizado mas será redescoberto num futuro que parece já ter começado.[62]

Jairo cede espaço para depoimentos de cineastas excluídos pela seleção oficial do Festival, e de certa forma igualmente excluídos do cinema "oficial" financiado pela Embrafilme. Publica trechos de depoimentos de nomes como Luiz Rosemberg Filho, que teve o seu *Crônica de um Industrial* (1978) interditado pela censura dentro do território nacional;[63] e sobretudo para Rogério Sganzerla,[64] cujo longa *Abismu* (1977) não foi selecionado para a mostra competitiva do Festival. Afora os textos escritos para a *Folha*, seis ao todo, Jairo publica posteriormente um panorama de maior fôlego sobre sua experiência no Festival de Brasília de 1978 na revista *Fiesta Cinema*, intitulado *Cinema, Cineminha e Cinemão*.[65]

Realiza, ainda, o documentário de média-metragem em Super-8 *Horror Palace Hotel ou O Gênio Total*, rodado durante o Festival. O filme, com quarenta minutos, conta com a colaboração de Rogério Sganzerla e com a participação de José Mojica Marins e de vários dos cineastas da turma de invenção, além de personalidades como Rudá de Andrade e Francisco Luiz de Almeida Salles. No

---

62 *Idem* 104.
63 Liberado para exibição apenas no exterior, *Crônica* seria exibido no Festival de Cannes daquele mesmo ano.
64 "Manifesto de um cineasta visionário" in *Folha de S. Paulo*. São Paulo, 23/07/1978.
65 *Fiesta Cinema*. São Paulo, 09/1978.

média, Jairo a todo momento tece analogias entre o imaginário do gênero horror, significado pela figura de Mojica Marins, e a situação de "horror" na qual jazia o cinema nacional. "O horror não está no horror", e "é por isso que eles são horríveis e nós somos ótimos", proferem, respectivamente, Júlio Bressane e Rogério Sganzerla, representantes da mostra paralela *O Horror Nacional*, à certa altura do filme.

*

Nos últimos meses na *Folha* Jairo perde a liberdade que possuía anteriormente, quando amparado por Tarso de Castro, e seu espaço fica praticamente restrito às críticas diárias da sessão *Filmes da TV*. É sabido que nesses últimos tempos enfrentou dificuldades, devido a sua verve libertária, com o editor-chefe e diretor de redação do jornal na época, Boris Casoy. Sobre sua saída da *Folha*, descrevo trecho do debate da mostra *Jairo Ferreira – Cinema de Invenção*, que contou com presença dos amigos Carlos Reichenbach e Inácio Araújo:

> Reichenbach: "O Jairo foi mandado embora da Folha pelo Boris Casoy. Na verdade, ele respondia pro Boris Casoy, ele estava pouco se lixando para o que o Boris Casoy falasse. [...]. Quem segurou o Jairo muito tempo na Folha foi o Tarso de Castro, isso é fundamental."
> Araújo: "Que levou ele pra lá, inclusive".
> Reichenbach: "E Tarso de Castro era um gênio, se davam muito bem os dois. Levou ele pra lá, e dava espaço pra ele, abria o espaço pra ele. E saí o Tarso de Castro e entra no lugar dele o Boris Casoy. Você acha que o Jairo Ferreira vai continuar num lugar onde está o Boris Casoy? Impossível."[66]

---

[66] Carlos Reichenbach e Inácio Araújo, durante participação em debate na "Mostra Jairo Ferreira – Cinema de Invenção", no CCBB-SP, em 09/02/2012. Na ocasião, Reichenbach descreve o episódio exato em que Jairo teria sido despedido da *Folha*, por ter afrontado o editor-chefe.

Jairo Ferreira permaneceu como crítico na *Folha de S. Paulo* por exatos quatro anos, até agosto de 1980. Foi sem dúvida o período mais produtivo, em quantidade, de sua atividade crítica. Posteriormente colaboraria com diversos jornais e revistas, como *Filme Cultura*, *Artes*, *Cine Imaginário* e *O Estado de S. Paulo*, mas sempre de maneira esparsa. A partir de 1980, trabalha na seleção ou composição de trilha musical em mais de duas dezenas de produções da Boca, inclusive já no ciclo de sexo explícito. O livro *Cinema de Invenção*, o qual vinha preparando desde 1977, seria por fim publicado em 1986.

capítulo III

Os filmes de Jairo Ferreira

O guru e os guris

"*Cineclubismo, hoje, no Brasil
é vanguarda, e vanguarda é
cinema brasileiro.*"

Paulo Emílio Salles Gomes

A citação acima abre *O guru e os guris*, documentário de doze minutos realizado em 1973, o primeiro filme de Jairo Ferreira. Ao menos o primeiro a ser finalizado, após a destruição do material bruto de *Via Sacra*[1] (1967) e a interrupção das incipientes filmagens de *Mulher dá luz a peixe*[2] (1971). O filme é uma homenagem ao "guru" Maurice Legeard, mítico fundador e coordenador do

---

1   Os negativos e o copião do filme foram picotados pelo poeta Orlando Parolini, durante uma paranoia pós AI-5.
2   A produção do que seria um episódio de longa-metragem foi suspensa pelo produtor Antônio Polo Galante, logo após os primeiros dias de filmagem.

Clube de Cinema de Santos,[3] e um tributo à sua pioneira atividade cineclubista no Brasil.

O curta-metragem, rodado em 35mm, foi fotografado, produzido e financiado pelo amigo Carlos Reichenbach, que cedeu os negativos, os equipamentos e a equipe técnica, toda a estrutura da empresa de cinema publicitário da qual era sócio, a Jota Filmes. Esse esquema de produção mais tradicional, em 35mm e com uma equipe profissional de cinema só seria retomado por Jairo Ferreira em *Nem verdade nem mentira*, filme realizado em 1979. Carlão Reichenbach, que durante uma conversa sugeriu a ideia do filme a Jairo, relembra o episódio com detalhes:

> Foi na verdade porque nós éramos muito amigos do Maurice Legeard e eu achava aquilo muito louco, saber que a Cinemateca de Santos era mais velha que a Cinemateca Francesa, e isso foi o que gerou o filme, a gente não podia deixar passar em branco um fenômeno desse. Você tem uma cinemateca escondida lá no litoral que foi inaugurada antes que a Cinemateca Francesa, tem alguma coisa aí, e essa coisa tem importância cultural. Especialmente a importância cultural do Maurice Legeard para o litoral paulista, para Santos em específico. Santos naquele momento tinha uma série de autores importantes, Plínio Marcos etc., toda uma geração de escritores e dramaturgos santistas que foram crias do Maurice Legeard. Aí eu falei: "Olha, eu tenho aqui tantas latas de negativo, você não quer fazer um curta sobre o Maurice Legeard? Te arranjo todas as coisas, equipe...". Fui eu que dei a ideia, conversando com o Jairo, "vamos fazer, você faz?" Também porque

---

3   Que posteriormente daria origem a Cinemateca de Santos.

eu queria que ele fizesse. Eu tinha a produtora, Jota Filmes, e publicidade eu não aguentava mais, então falei pra ele: "Eu tenho tantas latas de negativo preto e branco que estão vencendo, eu te dou as latas e você faz o filme do jeito que você quiser." Era pouca coisa, não eram muitas latas, "depois o Inácio monta", ele estava trabalhando comigo, a gente tinha uma equipe lá disponível, então "vamos aproveitar, vamos fazer", e ele disse "vamos!". E nós fomos dois finais de semana pra lá, o primeiro só com o gravador, com um técnico de som, e foi feita toda a parte das entrevistas, todo o som. O filme é todo narrado através de uma conversa que se estabelece entre cinéfilos e o guru, o Maurice, então aí se gravou todo esse material antes, e tinha um material bacana, muita fita. E depois nós fomos no próximo final de semana especificamente pra filmar, o Jairo disse o que queria filmar e nós fomos, filmar o trem no Monte Serrat etc. Eu disse: "diz o que você quer e a gente faz", e foi isso na verdade. Em momento algum houve interferência, ele fez tudo do jeito que ele quis. Ele quis fazer um plano-sequência bem longo do guru de fogo na mesa do bar, meu assistente até olhou estranho pra mim, e eu falei "deixa ele fazer!".[4]

Como descreve Reichenbach, *O guru e os guris* foi realizado de forma bem rápida, em duas etapas. Num primeiro momento foi captado o som, constituído de uma entrevista com Legeard e de uma conversa sobre cine-clubismo no Brasil do guru com os seus guris, em uma mesa de bar. Numa segunda etapa foram captadas as imagens, que partiram de um argumento prévio escrito por Jairo, que já sabia o que pretendia filmar – o roteiro do filme foi

---

4   Carlos Reichenbach, em depoimento para este estudo.

estruturado a partir do áudio já captado. Logo, pode-se dizer que se trata de um documentário encenado, na medida em que as ações de Maurice Legeard foram previamente propostas pelo diretor, bem como alguns trechos de suas falas, que transcorrem pelo filme na forma de uma narração não ortodoxa. Talvez seja o filme mais "tradicional" de Jairo Ferreira – que posteriormente enveredaria pela experimentação radical em Super-8 –, mas ainda assim bem distante de qualquer vertente de documentário clássico ou acadêmico.

*

Em *O guru e os guris* Jairo Ferreira se apropria da figura um tanto ranzinza de Maurice Legeard, mas que desperta certa simpatia com toda a paixão pelo que faz, para tratar de questões inerentes ao cinema no Brasil como a falta de público e interesse pelos filmes nacionais, as agruras da atividade cineclubista por aqui, o modo como o cinema brasileiro é frequentemente preterido pelo estrangeiro, e todo esse descaso comum que de certa forma perdura até os dias de hoje.

No início a narração de Legeard se dá através de uma entrevista; algumas frases de impacto ditas pelo cineclubista resumem o espírito do filme, tais como: "Na mesma época em que foi fundado o Clube de Cinema de Santos, foi fundada a Cinemateca Francesa. Hoje a Cinemateca Francesa tem quatro ou cinco mil filmes, e nós *tamo* aqui de chapéu na mão"; e "Piada de cinema no Brasil é o seguinte: que o Brasil vai produzir, por ano, cem filmes. Sabe quantos desses filmes chegam ao público brasileiro? Dez ou quinze." Nesses momentos, a figura de Legeard aparece em cenas lendo um jornal, andando pelas ruas de Santos e posteriormente praguejando com indignação.

É fato que questões como essas perpassavam as críticas semanais de Jairo Ferreira no *São Paulo Shimbun*, e nesse ponto o momento seguinte do filme é simbólico: enquanto Legeard aparece no que seria seu trabalho no Clube de Cinema, consultando os arquivos e escrevendo à maquina, algumas críticas escritas por Jairo no *Shimbun* aparecem em montagem paralela. Em outros pontos também se percebe a maneira como Jairo insere suas opiniões no filme, como nas frases contraditórias do guru a respeito do cinema de Godard;[5] não por acaso, em diversos escritos dessa fase Jairo demonstra opiniões ambíguas e fervorosas, de amor e ódio, em relação a filmes do cineasta franco-suíço.

É importante frisar o tom cômico do filme; em certo momento, por exemplo, o guru consulta o seu acervo e pega um recorte de jornal, enquanto expõe o que está lendo na crítica a um cachorrinho. A figura de Legeard e suas elucidações, as locações – como as ruas, o bar –, bem como os movimentos de câmera um tanto desvairados e a edição de som frenética, agregam uma certa atmosfera "marginal" ao filme.

A partir de um segundo momento, a narração de Maurice Legeard se dá através da conversa no bar. Enquanto ainda consulta seu acervo, ouve-se sua voz, ainda na entrevista: "Eu não posso brincar em serviço, tá entendendo? Quando eu encho a cara, eu encho a cara, quando é pra trabalhar é pra trabalhar, não se mistura uma coisa com a outra". Logo após, enquanto o guru datilografa surge na tela um letreiro escrito à maquina, um convite[6] de Legeard para

---

5   No início do filme, Legeard diz "Godard é bom em termos de novidade, a novidade passa, é moda"; mas adiante, dispara "Godard rompeu com toda a estrutura do passado, se o pessoal assimila o Godard muito mal por aqui a culpa é deles".

6   "Atenção, chapinha da Tribuna: Hoje, no Clube de Cinema de Santos, haverá uma matinée especial pra garotada, com a exibição do Vampiro de Dreyer, numa cópia gentilmente cedida pela Fundação Cinemateca Brasileira. O coordenador Maurice Legeard avisa que após a sessão haverá distribuição de chicletes e pipoca gratuitamente. Todos lá."

uma surreal sessão de matinê de *O Vampiro*,[7] de Dreyer, para crianças. Entra, então, o som ambiente de um bar, e ouvimos o guru dizer: "Dá um *Dreher*[8] aí, chapinha!".

Nessa sequência, Jairo se apropria de imagens do *Vampiro* de Dreyer, num protótipo da maneira como irá organizar imagens e sons preexistentes para criar novos significados, em maior grau, em seus filmes posteriores. Vemos a clássica sequência do morto-vivo levado no caixão, o longo *travelling* em câmera subjetiva, do ponto de vista do morto, ao som da música *I love the dead*,[9] do cantor norte-americano Alice Cooper. Aqui fica clara a alusão ao cinema brasileiro e à forma como Jairo Ferreira aborda a sua condição no filme, através da metáfora de um morto-vivo que vislumbra o exterior de dentro do seu caixão.

O tom do filme vai se tornando cada vez mais exaltado, acompanhando as indignações do guru Legeard na mesa do bar. Após ser atacado pelas crianças, com pipocas, na surreal sessão do *Vampiro*, vemos a câmera num *travelling*, subindo pelo teleférico do Monte Serrat.[10] Já no alto do morro, a câmera acompanha Legeard e um de seus "chapinhas", levando um projetor carregado de película. O discurso de Legeard é de certa revolta, aludindo ao desprezo dos brasileiros pelo cinema de seu país, e se referindo aos percalços enfrentados no cineclusbismo, disferindo frases como: "O problema do cineclubismo no Brasil? Não existe. Cineclubismo é pegar coisa que ninguém conhece, que ninguém sabe. É totalmente

---

7   *Vampyr* (1932), clássico filme de horror metafísico do dinamarquês Carl Theodor Dreyer.

8   Conhaque *Dreher*, cuja pronúncia é similar a "Dreyer".

9   O trecho da letra da música, presente no álbum *Billion Dollar Babies* (1973), diz: "I love the dead, before they're cold"; "eu amo os mortos, antes que estejam frios".

10 Monte na cidade de Santos, de onde se tem uma vista panorâmica da cidade.

diferente do que é aqui, que todo mundo fica passando *Joana d'Arc*, *O Gabinete do Dr. Caligari*... Não sai disso".

No momento em que a polifonia vai se ampliando, criando certo clima de caos, com distintas narrações de Legeard sobrepostas, ouve-se "É absurdo, mas é do absurdo, isso é cinema brasileiro, meu chapa!". São diversas alusões ao "absurdo", até que num certo ponto o projetor e a película – já toda emaranhada e que o guru tentava arrumar –, começam a pegar fogo, junto com papéis[11] que Legeard carregava. O filme ganha vigor em mais uma metáfora, o ritual da película e das críticas sendo destruídas pelo fogo, numa alusão às impossibilidades de se exibir/pensar cinema no Brasil, um contrassenso que demanda paixão, e que opera na lógica do absurdo.

Chegamos ao clímax do filme, o longo plano-sequência na mesa do bar. Em três minutos de um plano geral estático, vemos Maurice Legeard numa discussão fervorosa com os seus guris, várias garrafas vazias na mesa, num clima de total absurdo, no qual não se apreende tudo o que Legeard diz em meio a gritos e palavrões. Em certo momento ouve-se um trovão e a risada de Zé do Caixão. É o início da marchinha *Castelo dos Horrores*,[12] entoada pelo personagem: "Eu moro no castelo dos horrores, não tenho medo de assombração, ôôô eu sou o Zé do Caixão...". Na imagem, mais um plano do *Vampiro* de Dreyer, no qual o homem morto num caixão, em uma fusão, se transforma numa caveira. Nesse ponto, pode-se ponderar que o final do filme é simbólico, é a representação metafórica da "caveira" do malfadado cinema brasileiro.

---

11 Críticas ou escritos sobre cinema.
12 Samba lançado em compacto para o carnaval de 1969.

Ecos Caóticos

"Ouvi dizer já por duas vezes que O Guesa Errante será lido cinquenta anos depois; entristeci – decepção de quem escreve cinquenta anos antes."

Sousândrade

Numa viagem a São Luís, capital do estado do Maranhão, cidade onde o poeta maranhense Sousândrade viveu e morreu, Jairo Ferreira realizou *Ecos Caóticos*, rodado em Super-8 em 1975. Não se trata de um documentário tradicional sobre Sousândrade e sua obra, muito menos tenta dar conta de sua vida ou narrar sua história; "A vida de um poeta não cabe em um filme", ouvimos logo no início através da voz *over* de Jairo, que perpassa todo o filme. Trata-se, sim, de uma homenagem experimental ao poeta, uma reinvenção livre de sua poesia para o âmbito do cinema, que tenta fazer jus a toda sua verve visionária e ao caráter precursor – ou de invenção – de sua obra.

> Antes de Oswald de Andrade, havia Sousândrade, poeta maldito do final do século passado, só descoberto na década de 60 pelos poetas concretos. Durante uma viagem ao Norte/Nordeste, tive a ideia de fazer um filme sobre o poeta ao passar por sua cidade natal,[13] São Luís do Maranhão. As imagens são convencionais, mas a locução experimenta todas as possibilidades da voz, tom e timbre em clima de piração total, já que Sousândrade foi precursor da curtição poética visionária.[14]

*

---

13   Na verdade, Sousândrade nasceu em Alcântara, no estado do Maranhão.
14   Depoimento de Jairo Ferreira, fonte desconhecida. Acompanhou a sinopse de *Ecos Caóticos* em festivais e mostras onde o filme foi exibido.

Joaquim de Sousa Andrade (1833 – 1902), o Sousândrade, poeta, professor, político e viajante, passou o fim de sua vida considerado louco e permaneceu totalmente esquecido por décadas. O resgate de sua figura e obra viria apenas em 1964, com a publicação de *ReVisão de Sousândrade*,[15] antologia editada pelos poetas concretos Augusto e Haroldo de Campos. Os irmãos Campos viram no poeta romântico, autor do poema de dimensões épicas *O Guesa*,[16] um precursor dos procedimentos estilísticos da poesia moderna e das vanguardas do século XX, antecipador de poetas caros ao ideário concretista, como Ezra Pound, James Joyce, Dylan Thomas etc., e ainda de Oswald Andrade e sua Antropofagia Cultural.

Em diversos filmes e escritos de Jairo Ferreira, pode-se perceber que a eleição de temas ou conceitos abordados se dá através da influência direta do ideário da poesia concreta, talvez o único movimento de vanguarda do século XX cuja máxima expressão – o grupo concretista de São Paulo, inicialmente formado pelos irmãos Campos e Décio Pignatari – se deu no Brasil. É sensato afirmar que demandas intrínsecas à obra e ao pensamento de Jairo, como as questões da "invenção" e do "paideuma" (via Ezra Pound), a "antropofagia" / "apropriação" (via Oswald de Andrade), bem como a "síntese-ideogrâmica", enquanto parâmetro para a criação poético-fílmica, incidiram na produção de Jairo sob a égide dos mentores concretos e o que mais fosse captado e selecionado por suas antenas.

Não seria diferente em *Ecos Caóticos*, filme no qual Jairo Ferreira toma como ponto de partida a *ReVisão* que os poetas concretos concretizaram da obra de Sousândrade para recriar o espírito

---

15 CAMPOS, Augusto; CAMPOS, Haroldo (org.). *ReVisão de Sousândrade*. 3ª ed. São Paulo: Perspectiva, 2003.

16 Publicado inicialmente como *O Guesa Errante*, e posteriormente apenas como *O Guesa*, em edição definitiva de 1887.

visionário, experimental e maldito do poeta e de seus escritos. Dentre os procedimentos estilísticos precursores das vanguardas do século XX identificados na obra de Sousândrade pelos irmãos Campos, podemos citar aspectos como o imagismo, as dicções metafísico-existencial, conversacional-irônica e sintético-ideogramática, bem como jogos sonoros e invenções vocabulares;[17] perspectivas estas que, de forma patente, podem ser apreendidas na concepção fílmica de *Ecos Caóticos*.

A chave para se compreender *Ecos Caóticos* é proposta pelo próprio autor, no depoimento transcrito anteriormente. Enquanto a câmera, em imagens mais convencionais, percorre a cidade de São Luís – vagando pelas ruas em meio a multidão de passantes ou pelo centro histórico, por vistas panorâmicas da cidade ou por *travellings* da paisagem tropical vistos pela janela de um carro –, a experimentação insurge por meio da banda sonora, através de dicções e entonações levadas ao limite pela narração *over* de Jairo Ferreira, que a todo tempo disfere nos mais distintos registros vocais a frase-mote do filme, "do caos sejam ecos caóticos", caracterizando o certeiro teor performático-experimental que emerge na concepção do áudio, e que dialoga diametralmente com as imagens.

Jairo Ferreira se apropria, aqui, de procedimentos estilísticos caros ao poeta em questão, e que insurgem na construção do filme, como a dissonância, a fragmentação e a narrativa caótica. Os ecos/fragmentos são ouvidos na voz *over* de Jairo, seja na interpretação gutural de trechos de poemas de Sousândrade, passagens de *O Guesa*;[18] em citações à *ReVisão* dos irmãos Campos e ao episódio

---

17 ESPÍNOLA, Adriano. "O Irisado Sousândrade" in *Melhores Poemas de Sousândrade*. São Paulo: Global, 2008.

18 O poema *O Guesa* é inspirado livremente em um mito pertencente aos índios muíscas da Colômbia, que narra a saga de um menino que é morto a flechadas em

denominado *O Inferno de Wall Street*;[19] ou nos comentário de dados biográficos do errante do poeta. Nestas passagens ouvimos informações sobre a vida de Sousândrade que incidem diretamente sobre as asserções do filme acerca de sua obra, e que são atiradas como estilhaços em meio ao caos de ecos/fragmentos, tais como:

> Em Londres, Sousândrade ataca a Rainha Vitória num artigo de imprensa e é convidado a voltar ao Brasil. Viajou quatro anos pela Amazônia, colhendo dados sobre o culto do Jurupari, que depois utilizaria no Canto II d'*O Guesa, O interno oceano do desejo*. A antropofagia antes de Oswald de Andrade!

Nesse ponto, ouvimos um trecho da música *Partir do Alto*,[20] de Walter Franco, compositor que bebeu intensamente na fonte da poesia concreta, que diz "foi meu mestre quem te ensinou, foi teu mestre quem me ensinou, foi meu mestre…". Fica clara, aqui, a maneira como Jairo Ferreira vai abordar o poeta Sousândrade, alçado à condição/categoria de mestre ("a invenção ao inventor"), ao longo dos sete minutos do filme. Mestre e precursor das vanguardas modernas, de Oswald de Andrade e, por contiguidade, dos poetas concretos. Por fim, mestre dos

---

praça pública, tem seu coração oferecido a Bochicha, o Rei do Sol, e seu sangue recolhido em vasos sagrados. Antes disso, porém, peregrina pelos mesmos caminhos trilhados por Bochicha.

19 Denominação dada pelos irmãos Campos ao trecho do Canto X de *O Guesa*, todo composto por fragmentos estróficos, que descrevem, narram ou comentam, através da fala de vários personagens, episódios da vida dos EUA e sobretudo do universo financeiro industrial da Bolsa de Valores de Nova Iorque, passagem na qual a modernidade de Sousândrade se manifesta de forma contundente (ESPÍNOLA, p. 17).

20 Faixa presente no álbum *Revolver*, de 1975.

artistas da geração dos anos 1970 continuadores daquela linhagem, tais como Walter Franco e o próprio Jairo Ferreira, entre tantos outros.[21]

No paradigma da intertextualidade típica nos filmes do autor, podemos citar, ainda, uma referência ao poeta tropicalista "maldito" Torquato Neto – cujo universo se identifica ao de Jairo em diversos pontos de aproximação possíveis –, na citação de seu poema *Let's play that*,[22] "desatar o coro dos contentes de seu tempo".

Há ainda estilhaços de fina ironia, como no plano de um casarão em ruínas já dominado pela vegetação, no qual escutamos na voz do autor que "em São Luís do Maranhão, Sousândrade também é lido no hospício... do caos!"; ou no momento em que a câmera Super-8 registra a fachada da Academia Maranhense de Letras e penetra porta adentro, enquanto Jairo pronuncia que "A linguagem, hoje, é vendida em comprimidos. As atitudes mais lúcidas continuam sendo as neo-anárquicas", seguido por uma trilha atmosférica de suspense.

Tal dimensão anárquico-libertária[23] insurge em *Ecos Caóticos* seja na apologia à pura invenção poética no cinema, "Por uma teoria

---

21 Dentre outras trilhas utilizadas no filme há sons de berimbau, que acompanham imagens de capoeira, bem como estilhaços de música nordestina e rock instrumentais, e de músicas clássicas, entre outras. Há, ainda, um trecho da canção *Qualquer Coisa*, de Caetano Veloso, compositor que chegou a homenagear Sousândrade em trechos de músicas como *Ele me deu um beijo na boca*, de 1982.

22 O poema original, musicado por Jards Macalé em 1972, diz "Desafinar o coro dos contentes". No poema, Torquato Neto se utiliza do "hibridismo idiomático", procedimento usual na poesia moderna, do qual Sousândrade foi um precursor.

23 Em texto sobre *Ecos Caóticos*, presente no catálogo da mostra "Jairo Ferreira – Cinema de Invenção", Arthur Autran nos lembra que "Não devemos esquecer que 1975 foi o ano de implantação da PNC (Política Nacional de Cultura), instrumento por meio do qual o Estado ditatorial aproximou-se de diversos setores da produção cultural, incluindo os cineastas ligados ao Cinema Novo; esta política possuía uma concepção nacionalista de cultura e a percebia como elemento de construção e unificação de uma suposta identidade nacional. Ou seja, há todo um significado político neste curta de Jairo Ferreira". Num âmbito mais amplo, tal comentário se aplica a toda obra fílmica do autor, bem como a muito do que escreveu.

poética do cinema. Sintetizar a síntese, criar transistores estéticos. Do caos e no caos, ecos caóticos"; seja numa perspectiva político-libertária, no tom convocatório de "Cineastas do corpo e da alma, uni-vos, juntando e ejetando forças meta-criativas do caos nascerá uma nova saída, mesmo que seja pelas portas do fundo da tradição. Do caos sejam ecos caóticos". Esse convite e incentivo à criação, materializado por Jairo em registro de sussurro, remete a algum tipo de segredo. Talvez o segredo da invenção, do qual Sousândrade – com toda a carga de mito poético a ele agregada – pode ser considerado, sem dúvida, um dos guardiões.

O ataque das araras

"Só a antropofagia nos une.
Socialmente. Economicamente.
Filosoficamente."

Oswald de Andrade

Assim como *Ecos Caóticos*, também *O Ataque das Araras* foi rodado em Super-8 no ano de 1975, durante a mesma incursão de Jairo Ferreira pelas regiões norte e nordeste do Brasil. O filme contou com a participação dos amigos Orlando Parolini, na seleção musical, e Carlos Reichenbach, que escreveu a narração/locução com Jairo. Como a maior parte de sua produção em Super-8, o filme é todo conduzido pela voz *over* do autor, através da tensão com as imagens previamente captadas e articuladas por Jairo durante o trabalho de montagem e de edição de som.

No caso de *O Ataque das Araras* a narração guarda semelhanças estreitas com o modo um tanto ritmado e poético presente na escrita de Jairo Ferreira, notadamente na fase final do *São Paulo Shimbun* e logo seguinte – os seus textos presentes nas revistas independentes *Metacinema*, que editou, e *Cinegrafia*, editada pelos comparsas Reichenbach e Inácio Araújo –, efeito que emerge na atmosfera informal de "curtição" presente no filme. Podemos aferir que a articulação imagem/narração, aqui, confere ao filme atributos de uma reportagem ecológica, mesmo que em clima satírico e com postura nada "turística".

Durante viagem a Amazônia, a câmera de Jairo Ferreira acompanha o grupo teatral do amigo Márcio Souza, que segue de barco pelo Rio Negro, de Manaus rumo a Anori, cidade a cerca de 250 quilômetros da capital, onde fará uma apresentação para a comunidade ribeirinha local. Na embarcação, uma equipe de filmagem japonesa faz uma reportagem com a trupe teatral. O futuro escritor Márcio Souza, que participou do surgimento do grupo marginal, chegando a realizar um curta na Boca, *Bárbaro e Nosso (Imagens para Oswald de Andrade)*,[24] havia retornado a Manaus, sua cidade natal, onde desenvolvia um projeto teatral retomando suas raízes amazônicas. Figura frequentemente na coluna de Jairo no *Shimbun*, Souza chegou a colaborar com críticas nas ausências do titular.

Em paralelo, uma equipe de cinema publicitário proveniente do "cinema Boca do Lixo de São Paulo, uma preferência nacional", filma um comercial de cigarros na Amazônia. Jairo está na companhia de conhecidos comparsas,[25] já que o "time" é formado pelo

---

24 Produzido pela Servicine, de Galante e Palácios, em 1969.

25 Como bem observa Alessandro Gamo, em texto sobre *O Ataque da Araras* presente no catálogo na mostra "Jairo Ferreira – Cinema de Invenção", "no filme, como em suas colunas escritas, Jairo busca um Cinema marcado pelo companheirismo", aspecto que será retomado no média *Horror Palace Hotel* e que permeia toda sua obra, inclusive a própria concepção do livro *Cinema de Invenção*.

produtor João Callegaro, o diretor Galileu Garcia, o fotógrafo Oswaldo de Oliveira (o "Carcaça"), seu habitual assistente Rubens Elliot e pelo ator Carlos Miranda, o "Vigilante Rodoviário".

O filme gira em torno desses dois eixos, com abundantes citações diretas ou alusões à antropofagia, tanto em sua verve e postura anticolonialista e libertária, como em certo tom espirituoso. Já na abertura do curta, a câmera capta a amplitude do Rio Negro e prossegue circulando pela embarcação, enquanto a voz *over* de Jairo anuncia o que está por vir, já introduzindo a proposta e a filiação antropófago-oswaldiana do filme:

> No país da cobra grande a devastação, o desequilíbrio ecológico, o massacre e a importação de consciência enlatada. Viagem anti-turística, o contato com o Brasil *Kren-Akarore*. Tribos em extinção. O cinema Super-8 informará: contrabando indígena apreendido na zona franca, capital da floresta de consumo, pulmão verde poluído de turistas, fotógrafos, contrabandistas, espiões, traficantes de guaraná e carapanãs de picadura venenosa. A viagem dura cinco dias rio abaixo, o progresso caminha com minicassetes, *walkie-talkies*, vibradores elétricos. Congresso internacional de bárbaros, invasores, descolonizadores. Cineastas amarelos, uma equipe de jingle, um grupo de teatro penetrando a selva cultural, e a câmera vomitando em porta errada.[26]

---

26 Durante esta frase final, "e a câmera vomitando em porta errada", a câmera, após perambular pelo o barco, adentra no banheiro das "senhoras".

Como se observa tão somente neste início da narração, as alusões ao *Manifesto Antropófago*,[27] escrito por Oswald de Andrade em 1928, são inúmeras. Entre estilhaços do *Manifesto* citados diretamente aqui, afora outros no decorrer do filme, podemos destacar trechos iniciais do texto de Oswald, tais como "Contra todos os importadores de consciência enlatada"; "O cinema americano informará"; e "[...] pelos imigrados, pelos traficados e pelos *touristes*. No país da cobra grande". Após a narração, uma rápida sucessão de imagens introduz o que está por vir, numa montagem de fragmentos da equipe de *jingle* e da trupe teatral.

A afetuosa locução de Jairo Ferreira apresenta a equipe de *jingle* da Boca. Entre tomadas do Rio Negro, nas quais o grupo, a partir de um pequeno barco motorizado, filma um iate, Jairo registra os comparsas em ação, enquanto discorre sobre cada um deles.

> Enquanto isso, o ex-Vigilante Rodoviário comanda uma equipe de *jingle*. Um barco alugado para filmar cinco segundos de publicidade. O dinheiro? Sai do bolso dos fumantes. Rubens Eliot é quem aguenta as broncas, é assistente de câmera. A fotografia é do Carcaça, realizador de muitos filmes de cangaço. O cara que dirige não está de fogo, é o Galileu Garcia, que fez um filme chamado *O Cara de Fogo*.

O momento de destaque fica para a descrição que faz do colega João Callegaro, com quem escreveu o roteiro do longa-metragem *O Pornógrafo*. Callegaro surge com uma máquina

---

27 Publicado originalmente na *Revista de Antropofagia*, no qual o autor fundamenta o emblemático e catalisador conceito de Antropofagia, essencial para o Modernismo brasileiro.

fotográfica, no barco em movimento, entre tomadas de igarapés e vitórias-régias. No final da descrição, o cineasta e então publicitário profere insultos e expõe o dedo médio para Jairo e sua câmera Super-8, em tom jocoso.

> João Callegaro é que está na boa: se acomodou no jingle, aquele homem da agência, fez *O Pornógrafo* em 71, filme bom pacas, com Stênio Garcia, a história de Miguel Metralha, gângster paulista, eminência parda, cafajeste poético; exatamente o que o colega Callegão, colega Callegari quer ser, mas não consegue... um babaca!

A seleção musical, a cargo do poeta Orlando Parolini, é composta por múltiplos temas. Na abertura e em trechos de transição de assuntos uma típica canção andina, que agrega certo sentimento de latinidade ao filme, apontando em direção à vastidão da Floresta Amazônica, que se alastra por diversos países da América Latina. O *leitmotiv* da equipe de *jingle* é um tema egípcio,[28] que adiciona clima de expedição à aventura dos paulistas desbravando a selva, subindo em árvores com a câmera e navegando pelos igarapés. A canção mais frequente é um Carimbó,[29] ritmo folclórico do cancioneiro amazônico. Os temas musicais, remetendo às civilizações primitivas ou selvagens, operam em *O Ataque das Araras* como signos para a afirmação da metáfora antropofágica, em toda sua carga de deglutição cultural e atitude

---

28 Aqui, ainda, referência ao gênero hollywoodiano de filmes bíblicos/faraônicos, de diretores como DeMille e Hawks.

29 Gênero musical e dança típica de origem indígena, com influências negras, originário do estado do Pará.

anticolonialista. "A transformação permanente do Tabu em totem",[30] como propôs Oswald de Andrade. Merece destaque, ainda, a menção de Jairo ao Teatro Amazonas, onde a trupe teatral vai se apresentar futuramente; "O Teatro Amazonas é um museu no meio da selva. Um delírio dos coronéis da borracha, a velha borracha dos coronéis em delírio. Macumba pra turista." Podemos aferir, aqui, além de uma possível menção à ditadura militar, uma alusão ao Cinema Novo. A expressão "Macumba para turista", cunhada por Oswald de Andrade, era comumente empregada pelos cineastas marginais quando estes se referiam ao Cinema Novo.

O filme prossegue com belas imagens; a câmera gira captando o horizonte céu e mar, e continua numa panorâmica do interior do monumental Teatro Amazonas. Por fim, o grupo teatral de Márcio Souza — "um trabalho sério, baseado em motivos da região, anti-folclore, uma chanchada indígena, acompanhada de música pop. A deglutição de uma cultura importada, redução local em termos de cantata teatral amazônica" —, aporta na cidade ribeirinha, onde apresenta a peça às crianças nativas do local. Nesse ponto, com os trechos da apresentação aos habitantes locais que assistem uma peça teatral pela primeira vez, vem à tona, impregnado de teor libertário, todo o conteúdo ecológico e político presente no filme.

---

30 Trecho do *Manifesto Antropófago*.

O Vampiro da Cinemateca

*"Em mim, alguma coisa está acontecendo:
sou um aprendiz de feiticeiro."*

Jairo Ferreira

  Jairo Ferreira realizou *O Vampiro da Cinemateca*, seu primeiro longa-metragem, entre os anos de 1975 e 1977, rodado em Super-8, da mesma maneira artesanal com a qual já havia realizado seus curtas-metragens nesta mesma bitola. Artesanal e solitária, já que Jairo também exerceu todas as funções na feitura do filme, desde a concepção até a finalização. Contou com o apoio de amigos, como Carlos Reichenbach e Júlio Calasso Jr., que colaboraram ou atuaram no filme, mas é fato que desempenhou sozinho todas as funções ditas técnicas no longa.
  Jairo Ferreira adquiriu novo equipamento de Super-8 sonoro em 1975; os dois curtas que rodou anteriormente nesta bitola, *Ecos Caóticos* e *O Ataque das Araras*, não foram captados com som direto. Empolgado em explorar esta nova ferramenta criativa, a película Super-8 sonora, e vislumbrando suas possibilidades, Jairo inicia um processo de experimentação aberto, com finalidade incerta, aventura que acaba desembocando em *O Vampiro da Cinemateca*, após dois anos de árduo trabalho.
  Sempre levando a câmera Super-8 consigo por onde andava, passeios noturnos pela cidade de São Paulo, o centro, a Boca do Lixo, o submundo, os bares, Jairo Ferreira captava imagens e sons desses ambientes por onde passava, das pessoas que encontrava. Deste método livre de filmar afluíam espaço e possibilidades para a experimentação e

o improviso, cenas posteriormente organizadas/estruturadas durante o processo de montagem e sonorização do filme.

Por vezes convidava amigos para improvisarem cenas, abertas à criação e ideias do momento, inventando sequências ficcionais. Desta forma se deram as participações de Carlão Reichenbach, que interpreta personagens – não nomeados – em três diferentes momentos do filme. Por outro lado, nas sequências que contaram com a atuação de Júlio Calasso Jr., interpretando o personagem João Miraluar, Jairo parte de um roteiro[31] com cenas previamente concebidas.

Como dito, *O Vampiro da Cinemateca* começou a ser rodado aos poucos; é certo que Jairo Ferreira não tinha, previamente, a pretensão de realizar um longa-metragem. Contudo o projeto, inicialmente intitulado *Umas e Outras*, foi adquirindo proporções mais amplas com sua mistura do material captado em Super-8 com imagens e sons de arquivo, logo se transformando até tomar as dimensão de um longa, com seus 64 minutos finais.

A propósito da liberdade criativa propiciada pelo formato Super-8, bem como sobre seus métodos iniciais pouco ortodoxos, no que diz respeito à concepção/realização do filme, acerca desta primeira fase das filmagens, cito trechos de entrevista concedida por Jairo Ferreira à revista *Cinema em Close-up*, publicação popular da Boca do Lixo, datada de 1977, ano de conclusão do filme:

> Bem, eu não tive ideia de fazer um filme, não. Eu parti do fato de que existia uma câmara e as ideias vieram depois. Tanto é que não era para ser um filme e terminou sendo, não é? Eu comecei a filmar de uma forma desconexa, e tal, juntando material pra ver o que iria dar. [...]

---

31 O roteiro do filme existe, uma cópia se encontra depositada nos arquivos da Cinemateca Brasileira.

Inicialmente eu não pretendi nada com o filme. Eu comecei a fazer o negócio despretensiosamente. Agora, de repente, o material foi-se avolumando e eu vi que o troço poderia se tornar mais sério. Quando eu tinha meia hora de filme, eu já vi que dava pra fazer um negócio interessante. [...]
O processo foi o seguinte: eu comecei a filmar juntando elementos que, aparentemente, eu não via como pudessem ser colocados em um contexto geral. Era uma colagem. Por superposição de material, o negócio estava tão caótico que eu falei: "Bem, vamos ver se eu consigo dar uma estrutura a essa colagem".[32]

*

Pode-se considerar *O Vampiro da Cinemateca* como um filme-síntese de todo o universo/imaginário de temas que cercam a figura de Jairo Ferreira, bem como uma síntese de seus principais métodos de trabalho na concepção cinematográfica.

De maneira intrincada o filme combina diversos tipos de matérias-primas em sua estrutura, das quais, entre outras, destacam-se: imagens da "vida" de Jairo Ferreira, com ecos de filme-diário; a autorrepresentação de Jairo enquanto autor-personagem, num viés performático; imagens de filmes filmadas diretamente da própria tela da sala de cinema ou da televisão; cenas ficcionais com encenação ou improviso de atores, que por vezes interpretam personagens; som direto captado no Super-8, sons de arquivo, peças radiofônicas, músicas, trilhas sonoras originais; vários níveis e registros de narrações *off*/*over* de Jairo Ferreira.

---

32 "Atenção, câmera, ação: Super-8" in *Cinema em Close-up* nº 76, 1977. Entrevista com Jairo Ferreira; na revista não há qualquer informação sobre a identidade do entrevistador.

Como temas centrais, despontam as discussões sobre o próprio cinema, nas citações imagéticas de filmes e na utilização de personagens como *Charles Foster Kane*, *Dr. Phibes* e *Zé do Caixão*, enquanto signos. Quase sempre, através destes personagens e a simbologia que carregam, Jairo Ferreira reflete o imaginário da cidade de São Paulo e a conjuntura da época, projetando nas sínteses advindas daí novas ideias e questões.

Neste sentido, simbólica é a sequência em que filma imagens de *Cidadão Kane* da própria televisão, reenquadradas e selecionadas sugerindo o poder político e a megalomania do personagem. A música é o samba político *A esperança do Brasil*, composto por Herivelto Martins e Benedito Lacerda para a campanha presidencial de Adhemar de Barros, em 1949, e interpretado por Nelson Gonçalves, cuja letra, também editada por Jairo Ferreira, diz:

> Vai sair da garoa o homem que vai governar o Brasil, se Deus quiser não vai falhar. O bandeirante de uma nova geração, será o homem que o mundo consagrou. Alagoas, Deodoro e Nabuco em Pernambuco, mas na terra da garoa, num 22 de abril, nasceu Ademar de Barros, a esperança do Brasil.[33]

O *jingle* se funde a uma música marcial, e então ouvimos pela narração *over* do autor: "Marcha Triunfal de Mussolini, Charles Foster Kane é realmente um fascistão, mas Orson Welles sabe manter distância". Nestas alusões à questão do poder, metaforizadas via

---

33 Em depoimento para este trabalho, Carlos Reichenbach relembra que o compacto 78 rpm pertenceu a seu pai (Carlos Oscar Reichenbach), editor gráfico que trabalhou para Ademar de Barros naquela campanha. Certo dia, na casa de Carlão, Jairo ouviu o disco e "ficou maluco, levou emprestado dizendo que usaria num filme, e de fato usou mesmo". O que sugere a forma como Jairo Ferreira caçava/sugava signos.

Kane e Adhemar de Barros e seu populismo, germinam também referências ao momento político/repressivo que predominava no país, e consequentemente na cidade de São Paulo; "a situação existencial nesta bosta mental paulistana é de arrepiar", dispara Jairo pouco antes da sequência descrita. Ainda evocando o tema da situação política, no filme:

> As ginásticas de 7 de setembro, Dia da Independência do Brasil, lembram muito mais um cemitério, esvaziadas que foram pela música de Wagner, Funerais. E Adolf Hitler é contestado por uma canção de Roberto Carlos.[34]
> [...]
> Nos dias mais negros de outubro de 1975, quando morreu Vladimir Herzog, meu filme estava sob o impacto emocional desse acontecimento e passou a se chamar Doutor Phibes em São Paulo, mas isso se diluiu ao longo de dois anos. Eu via o cinema como uma relação entre eu e a tela, eu e o vídeo, eu e os amigos. Misturei – em mim mesmo – ficção e documentário, real e imaginário e atuei como denominador comum de um projeto deflagrador, partindo de quatro paredes. Na geleia geral, pretendi fazer ao menos Um Safári Semiológico no Vídeo e nas Telas. Um discurso anti-discursivo. Translinguagem – metalinguagem sem linguagem.[35]

---

34 Na parte final do filme, cenas selecionadas de *Triunfo da Vontade* (1935), de Leni Riefenstahl, filmadas da tela de cinema, são rebatidas na banda sonora por *Você não serve pra mim* (1967), canção de Renato Barros na voz de Roberto Carlos.

35 *Umas & Outras: Um safari semiológico*. Texto não publicado sobre o processo de realização de *O Vampiro da Cinemateca*, em forma de depoimento, datado de 05/08/1977 e depositado por Jairo Ferreira nos arquivos da Cinemateca Brasileira.

Como apreendido pelo depoimento do próprio autor, a organização plena de todo essa gama de materiais se dá no momento da montagem das imagens e sons que compõe o filme. Isto é, não existia um roteiro prévio, mas sim um roteiro que foi se constituindo em paralelo ao próprio filme, tomando forma e se organizando contiguamente à feitura do filme, através de associações em colagem –"síntese-ideogrâmica" – de materiais antes aparentemente desconexos, que não possuíam um atrelamento anterior lógico.

Fundindo experimental, documental e ficcional, podemos aferir que Jairo Ferreira leva tais categorizações ao limite, literalmente "vira do avesso" tais domínios e suas fronteiras. Ainda assim, num exercício de indexação, pode-se analisar que a esfera predominante no filme é a experimental. Mas é fato que a todo momento reverberam ecos de ficção e documentário, e em algumas sequências essas classificações são impraticáveis, tal o hibridismo presente em intricadas teias, colagens compostas por fragmentos de som e imagem, num fluxo incessante de analogias, simbologias e significações.

Entre os principais temas e noções teóricas que cercam *O Vampiro da Cinemateca*, tanto no que diz respeito à forma, na própria estrutura narrativa, quanto ao conteúdo do filme, em alusões ou citações diretas, estão a Antropofagia Cultural de Oswald de Andrade e seus consequentes atributos anticolonialistas; a influência da poesia-concreta, na questão da síntese-ideogrâmica, a propósito da construção fílmica poética; a insígnia da "invenção", apropriação para o âmbito do cinema das teorias críticas literárias do poeta norte-americano Ezra Pound. Entre estas três noções, pode-se afirmar a antropofagia como influência preponderante, farol central que ilumina os caminhos da película, na perspectiva de uma homologia entre as metáforas do antropófago e do vampiro.[36]

*

Ainda que *O Vampiro da Cinemateca* avente diversos temas, trata-se essencialmente de um metafilme, um filme que aborda e discute, em primeiro plano, o próprio cinema. Um metafilme extremamente pessoal/subjetivo, já que o "vampiro" do título em questão não é senão o próprio Jairo Ferreira, autor e personagem principal, que conduz o universo tratado no filme através de sua presença nas imagens, por vezes performática, e de diversos graus de narração.

As narrações, que aparecem tanto no registro de voz *off* como de voz *over*, são divididas em três níveis. No primeiro, representado no roteiro do filme como "JF", Jairo Ferreira faz a locução predominante no filme, discorrendo com a sua voz natural; num segundo registro, imposta um vozeirão grave, no roteiro indicado como "JF 2"; por último, uma voz distorcida, em rotação desacelerada, que em geral comenta ou interfere sob os outros registros, descrita como "vozeirão tonitruante". Todos estes níveis dialogam entre si; há ainda a voz de Jairo captada em som direto, bem como outras categorias secundárias indicadas no roteiro, tais como "voz debochada" etc.

Nas principais aparições do vampiro Jairo na tela, o autor desponta em imagens caracterizadas pela composição cênica incomum e por vezes enigmática. Marcantes são as cenas em que surge em sua casa ("eu simplesmente ligava a câmera e me colocava na

---

36 Como bem frisou Arthur Autran em texto sobre o filme no catálogo da *Mostra Jairo Ferreira: Cinema de Invenção*: "Aqui há uma homologia importante entre o antropófago e vampiro, ambos metáforas do artista que assume radicalmente o processo de recriação a partir de outras obras, mas pensamos que para o cinema a imagem do vampiro é mais adequada, pois além da necessidade da escuridão, este personagem é mais internacionalista e ligado à indústria cultural."

frente"), sentado diante do editor/moviola Super-8, no ambiente e tempo de feitura do próprio (meta)filme. Apenas um abajur e velas iluminam o cenário, o vulto espectral de Jairo fuma um cigarro e o efeito da fumaça se difunde na luz, enquanto lê em som direto o *Manifesto Antropófago* (1928), de Oswald de Andrade, entre outras intervenções na edição da banda sonora.

Numa cena posterior, surge lendo e interpretando escritos seus, um tanto poéticos, que discutem passagens do filme ("na câmara de horrores do Doutor Phibes paulista, muita gente continuava sumindo, e o custo de vida subindo..."); Jairo segura o cabo oscilante de uma lâmpada, única iluminação da cena, "briga" com a lâmpada, seu rosto fica claro e escuro, numa performance um tanto estrambólica e caótica.

Jairo Ferreira é o vampiro de uma espécie de cinemateca imaginária, que se alimenta de filmes para renovar seu sangue e, assim, reconstruir seu vigor.[37] O cineasta parte de seu universo individual para, em uma esfera mais vasta, aventar questões universais, como o próprio estatuto do cinema e das artes em geral. Acerca desta postura um tanto narcisista, assumida enquanto autor-protagonista, Jairo refletiu que:

> Sarcástico por convicção e até mesmo por ideologia, resolvi fazer um filme parodiando meu próprio individualismo, projetando meu narcisismo em cima de Orson Welles (Cidadão Kane) – protótipo de megalomania – e tudo isso numa boa. Lendo Oswald de Andrade ao som de um programa radiofônico de Sílvio Santos, acabei virando chanchada. Era isso mesmo que eu queria.

---

37 Sobre isso, afirmou em entrevista: "chupo filmes para renovar meu sangue".

Em setembro de 1975, meu trabalho jornalístico – como mero repórter de geral – não tinha maior importância e eu queria fazer um filme que compensasse os bloqueios da área jornalística. A repressão estava me levando a frequentes deblaterações e eu queria liberar toda energia contra ela. Comecei a filmar instintivamente, como se estivesse escrevendo em guardanapo de papel durante uma bebedeira solitária num boteco. Não procurei atores nem produção, pois tinha o essencial: a câmera e o negativo. Achei que poderia aglutinar fragmentos documentais a partir de mim mesmo. Eu simplesmente ligava a câmera e me colocava na frente dela. Identifiquei narcisismo com jogos de espelho da metalinguagem.[38]

Umas e Outras é um filme sobre o próprio cinema. Ele começa como um depoimento. Um depoimento filmado a partir de mim mesmo. Esse depoimento vai se tornando cada vez mais amplo dentro do filme e chega um ponto em que há a necessidade de substituir o documentário pela ficção.[39]

Ao longo de *O Vampiro da Cinemateca*, sempre as múltiplas locuções de Jairo Ferreira elucidam e debatem as imagens. Afora uma longa sequência, na parte final do filme, na qual Júlio Calasso Jr. interpreta o personagem João Miraluar. Nessas cenas o interlocutor é o próprio Miraluar/Calasso, que se dirige diretamente ao espectador. O registro da atuação e a câmera tem estilo um tanto selvagem, com citações a Oswald de Andrade e atmosfera de chanchada

---

38 *Umas & Outras: Um safari semiológico*, 05/08/1977.
39 "Atenção, câmera, ação: Super-8" in *Cinema em Close-up n° 76*, 1977.

– evocação comum ao Cinema Marginal –, através da marchinha *Touradas de Madrid*.[40]

Jairo revisita os pseudônimos com os quais assinou artigos no *São Paulo Shimbun* e na revista *Metacinema*, que aqui aparecem transmutados em pseudo-personagens fragmentários. Afora *João Miraluar*, que termina abduzido por um disco voador, *Marshall MacGang* desponta interpretado por Luís Alberto Fiori, e *Ligéia de Andrade* surge num boteco na Boca do Lixo, já no final do filme.

*

Dentre as referências e citações basais que compõe o caldeirão de signos d'*O Vampiro da Cinemateca*, podemos encontrar fragmentos de filmes de diferentes épocas e tendências dentro da história do cinema, tais como *Cidadão Kane* (1941), de Orson Welles, *A Câmara de Horrores do Dr. Phibes* (1972), de Robert Fuest, *Underworld USA* (1960), de Samuel Fuller, *O Rei do Baralho* (1974), de Júlio Bressane, *O Triunfo da Vontade* (1934), de Leni Riefenstahl, *Taxi Driver* (1975), de Martin Scorcese, e *Esta noite encarnarei no teu cadáver* (1967), de José Mojica Marins, entre vários outros.

Nesta miscelânea nos deparamos também com citações de poetas transgressores, inovadores, malditos, tais como Lautreamont (*Os Cantos de Maldoror*), Baudelaire (*As Flores do Mal*), Orlando Parolini (que comparece recitando seu poema *A Perdição*), Rimbaud, William Blake; há ainda frases simbólicas proferidas por Jairo em cena, como "Só o incomunicável pode comunicar" (Augusto de Campos), "Só me interessa o que não é meu" (Oswald de Andrade), e "Para vocês, o cinema é um espetáculo. Para mim, é quase uma contemplação do mundo." (Maiakovski). Todas essas citações coexistem adjacentes às alusões de figuras pertencentes a

---

40 Composta por João de Barro para o carnaval de 1938, interpretada por Braguinha.

universos dispares entre si, tais como Mao Tsé-Tung, Glauber Rocha, Karl Marx, Jimi Hendrix. Somados ainda a outras referências emanadas da cultura de massa, como menções a Chacrinha, ao programa Silvio Santos e a locuções radiofônicas, como atrações da Rádio Nacional.

Do embate entre os mais variados signos e da relação inusitada entre os mesmos, desta síntese experimental, brotam novos sentidos, por vezes não traduzíveis verbalmente, mas sim através das sensações que remetem e causam ao espectador, interlocutor que tem a tarefa de interpretar os estilhaços de sons e imagens em meio a profusão intertextual.

Como exemplo, descrevo a sequência na qual Carlos Reichenbach surge caracterizado como gângster, de terno e óculos escuros, empunhando um revólver e cobrindo o rosto com um livro, no qual está escrito "*O 3º Mundo*". Lígia Reichenbach, esposa de Carlão, vestida e maquiada de chinesa, recita um poema de Mao Tsé-Tung. Na trilha fragmentos de *Qui nem jiló*,[41] de Luiz Gonzaga, e trechos musicais de *A Chinesa* (1967), de Jean-Luc Godard. Numa interrupção, surge na tela o painel noticioso do *Estadão*,[42] no qual corre a seguinte notícia: "Hamburgo: o Chanceler Schmidt garantiu que o Brasil não usará para fins militares a tecnologia nuclear que receberá da Alemanha Ocidental...". O "gângster" e a "chinesa" surgem novamente, encenando para a câmera; agora ao fundo um cartaz de *O Lobisomem, o terror da meia-noite* (1971), longa *udigrudi* de Elyseu Visconti. No próximo plano, Reichenbach aparece em *close*, apontando a arma para a câmera, uma Coca-Cola na outra

---

41 De Luiz Gonzaga e Humberto Teixeira, 1949.
42 Como descrito no roteiro, trata-se do painel noticioso do jornal *O Estado de S. Paulo*.

mão e um cigarro na boca. Na trilha, o rock *No more Mr. Niceguy,*[43] de Alice Cooper. Sarcástico, o gângster simula atirar no espectador, na garrafa de refrigerante e, por último, ri ironicamente.

Numa breve análise desta sequência, constata-se que tal profusão intertextual remete a diversos outros elementos e associações: como aos gêneros do cinema americano, filmes B, Hollywood, o *Film Noir* etc. (através do imaginário do gângster); Brasil, nordeste, subdesenvolvimento (via Luiz Gonzaga, livro *O 3º mundo*); China, comunismo, *Nouvelle Vague* (poema de Mao, Godard); *Cidadão Kane*, de Welles, *O Bandido da Luz Vermelha*, de Sganzerla (painel noticioso) etc.; numa proposição de reflexões a partir desse entrelaçamento de simbologias e analogias.

Como se percebe, as interpretações possíveis a partir deste ritual fílmico-antropofágico são múltiplas, pois cada signo utilizado possui sua própria carga, bem como outros conceitos surgem das associações entre estes signos (o que remete ao princípio do ideograma chinês). Mas é fato que ficam evidentes alusões acerca da oposição "capitalismo/comunismo", incitando o espectador à reflexão.

Há ainda a Antropofagia tropicalista sugerida pelo filme *O Lobisomem*, insígnia do horror nacional; noção que aflui na postura de um possível gângster-antropófago, transgressor que se cansou de ser "bom rapaz", se atentarmos para a letra da música de Alice Cooper, por sua vez persona que transita pelo imaginário do gênero terror. Pode-se, ainda, atentar para a própria presença de Reichenbach, figura que alude ao cinema brasileiro de invenção, marginal, transgressor e libertário.

Destaca-se também outra sequência com a atuação de Carlão, na qual expele sangue pela boca em frente ao espelho, em expressão

---

43 Canção do álbum *Billion Dollar Babies* (1973).

visceral completada pela canção *Mixturação* (1973), de Walter Franco, cujo significado da letra ressoa as imagens:

> Eu quero que esse teto caia, Quero que esse afeto saia. O raciocínio lento, o passo pensamento, no olho o orifício, no passo o precipício. O passo o pensamento. Eu quero que esse afeto saia, em vermelho natural, no rosto e no lençol, com gosto de água e sal, misturando o bem e o mau.

*

As infinidades de temas que coabitam a faixa sonora explicitam a mistura entre o erudito e o popular, um fator essencial ao filme. Na esfera do erudito, por vezes criando climas de suspense ou terror, temas de compositores como Beethoven, Wagner, Strauss, Stravinsky, Debussy, Bartók, Prokofiev, Satie e Varèse.

Nesta vertente, cito como exemplo a primeira sequência do filme: enquanto vemos imagens noturnas da lua cheia envolta em nuvens, ouvimos trechos de *O Martírio de São Sebastião*[44] (1911), composição de Claude Debussy, que impregnam a cena com atmosfera de misticismo e suspense. Na voz grave – "tonitruante", em rotação desacelerada – do autor ouvimos o título do filme: "O Vampiro da Cinemateca, uma estranha aventura cinematográfica de Jairo Ferreira". A música de Debussy continua; na tela agora um longo *travelling* subjetivo através do parabrisas de um automóvel pela Avenida Tatuapé, deserta e numa noite de chuva. O veículo/câmera se atém por instantes ante ao sinal vermelho, num momento de respiro da música. Mas não tarda em ultrapassar o sinal/signo restritivo, tão

---

44 Partitura composta como música de cena para a peça homônima de Gabrielle d'Annunzio.

logo a sinfonia retorna com vigor, num ato transgressivo metafórico que inaugura o filme, simbolizando o que está por vir.

A peça musical de Debussy, *O Martírio de São Sebastião*, que retorna em outros pontos de *O Vampiro da Cinemateca*, sugere ainda analogias e discussões a respeito do tema da androginia presentes no filme, levando-se em conta a representação de São Sebastião no matirológio romano, geralmente associada ao andrógino.

Tais relações surgem no filme através da presença de Luís Alberto de Fiori e sua figura extremamente andrógina, tanto no visual quanto na voz. Primeiramente, Fiori aparece recitando Lautreamont: "Lá, no fundo do bosque, rodeado de flores, repousa o hermafrodita, profundamente adormecido sobre a relva molhada por seu pranto"; mais a frente, surge transmutado e se proclama Marshall MacGang, lendo trechos de artigo[45] que Jairo Ferreira publicou sob tal pseudônimo no *São Paulo Shinbum*.

Há ainda alusões ao universo do travesti e suas relações com a transgressão, entre passeios noturnos por São Paulo e Nova Iorque (via cenas usurpadas de *Taxi Driver*), e narrações do autor, como:

> O interesse romântico do anti-herói é uma questão de caça ao signo sexual. Os signos mais atraentes são mantidos sob repressão. Mas o travesti não é vanguarda só por enfrentar a polícia. O travesti a rota, agarra, ronda, rouba, rupa, rói, corrói, *corrói*.[46]

*

---

45 *Distanciamento Metacrítico*, 24/02/1972.

46 Há ainda frases impagáveis acerca do universo transexual, como a antropofágica "O travesti é apenas uma das modalidades do gay pau-brasil".

No âmbito da música popular, uma miscelânea brasileira composta por nomes como Herivelto Martins, Almirante, Lupicínio Rodrigues, Luiz Gonzaga, João Gilberto, Gilberto Gil, Walter Franco, Mutantes, Roberto Carlos, entre muitos outros. Há imagens de apresentações de Jards Macalé, na qual toca violão sentado num vaso sanitário; e do percussionista Guilherme Vaz, "o John Cage brasileiro", compositor de trilhas para Júlio Bressane.

Estão presentes ainda o *rock 'n' roll* de Alice Cooper, Little Richards, Blind Faith; bem como as alusões diretas a filmes através de suas trilhas sonoras, como *Taxi Driver* (composta por Bernard Herrmann) e *The happy ending* (trilha de Michel Legrand).

Há ainda as marchinhas carnavalescas entoadas por Zé do Caixão, *Em cima da hora* e *Castelo dos horrores*,[47] cujos trechos são tocados em diversas ocasiões do filme. Estilhaços de falas e gargalhadas "macabras" de Zé do Caixão também surgem a todo momento, remetendo ao deflagrador personagem, insígnia do terror antropofágico nacional que perpassa *O Vampiro da Cinemateca* do início ao fim.

Em meio às músicas, efeitos sonoros interligam o áudio das sequências, como estrondos de trovões, rufar de tambores, sirenes. Entrecortando este caos sonoro, composto por estilhaços e ruídos, há a locução de Jairo. Em diferentes níveis de registro vocal, se alternando entre a voz *over* e a voz *off*, a narração do autor-personagem invade abruptamente a banda sonora, comenta imagens, dialoga com outros sons, propõe significados, transforma signos; conduzindo nesta configuração boa parte do filme.

Já referências ao universo *kitsch* podem ser notadas na apropriação de trechos de filmes como *Hellzapoppin* (1941), comédia de H.C. Potter, ou *O voo do dragão* (1973), filme de kung-fu

---

47 Gravadas em compacto simples para o carnaval de 1969.

protagonizado e dirigido por Bruce Lee. É obvio que nesse cardápio antropofágico-vampiresco oferecido por Jairo Ferreira, sobressaem-se, ainda, as alusões e a deglutição dos gêneros clássicos de ficção – cinematográficos, literários –, sobretudo do gênero grotesco/fantástico do terror, mas também do musical, da ficção científica etc.; bem como citações aos subgêneros do cinema brasileiros, especialmente a chanchada e seu viés carnavalesco.

Afora uma "homenagem" satírico-explícita à pornochanchada e ao cinema da Boca do Lixo, na qual um pênis surge em primeiro plano e ejacula na própria lente da câmera, enquanto ouvimos pela narração tonitruante de Jairo Ferreira que "esta é uma modesta homenagem à pornochanchada brasileira".

*

Em outra passagem do mesmo depoimento já transcrito anteriormente, Jairo Ferreira discorre acerca de algumas das já mencionadas referências cinematográficas do filme – citadas direta ou indiretamente –, que compõe o esqueleto estrutural de *O Vampiro da Cinemateca*:

> Há diversos filmes através dos quais é possível fazer várias interpretações de *Umas e Outras: Cidadão Kane*, por ser um filme de estrutura rotativa; *O Bandido da Luz Vermelha*, por ser uma colagem de gêneros, que eu também pratiquei; *À Meia-Noite Encarnarei no Teu Cadáver*,[48] por ser invenção total, tendo um personagem principal, Zé do Caixão, deflagrando a irracionalidade brasileira; *A Mulher de Todos*, outro filme

---

48 Ao que tudo indica, Jairo Ferreira se refere aqui a *Esta noite encarnarei no seu cadáver* (1967), segundo filme de Mojica Marins com o personagem Zé do Caixão. Mas não seria exagero especular que tal ato falho seja também uma referência a *À meia-noite levarei sua alma* (1964), filme anterior do cineasta.

anti-linear, mas com uma personagem (Helena Ignez) que atravessa toda a narrativa, como eu também atravesso todo meu filme; Pandemônio (Helzapoppin), de H. C. Potter, por ser metacinema anárquico; *A Câmara de Horrores do Dr. Phibes*, de Robert Fuest, por ser o mais requintado filme de terror dos últimos anos; *A Lei dos Marginais*, de Samuel Fuller, por seus travellings antológicos. Há uma espécie de alquimia narrativa em *Umas e Outras*, que comporta citações em nível estrutural. Esses filmes se entrecruzam e trespassam o meu filme, que termina sendo transcinematográfico.[49]

Como se pode notar, não tratam-se de meras citações ou alusões. Neste processo de deglutição do cinema, da arte e da cultura de massa em geral, Jairo Ferreira ressignifica sons e imagens, se apropria de obras alheias para inventar novos signos, num fluxo narrativo incessante no qual tudo se funde e se transforma. O vampiro-antropófago, autor-personagem, narra o filme não apenas através de sua voz, mas por meio de imagens sugadas, de legendas de outros filmes presentes na tela, letras de músicas, locuções radiofônicas, letreiros da cidade etc.

Isto é, o vampiro usufrui de todos estes artifícios na constituição de uma espécie de teia/fio narrativo, arriscando associações inusitadas, nas quais se utiliza das imagens e sons enquanto símbolos, levando e alterando os significados destes ao limite. É um processo no qual desvirtua e distorce acepções com a intenção de inventar novas ideias, dentro do paradigma experimental da paridade entre forma e conteúdo.

---

49 *Umas e Outras: Um safari semiológico*. Todos os filmes mencionados contém trechos em *O Vampiro da Cinemateca*, com exceção de *O Bandido da Luz Vermelha* e *A Mulher de Todos*, de Rogério Sganzerla.

Advém daí a noção da síntese-ideogrâmica, influência direta das antenas vanguardistas dos poetas concretos sob o cinepoeta e inventor Jairo Ferreira.

> - o poeta concreto vê a palavra em si mesma – campo magnético de possibilidades – como um objeto dinâmico, uma célula viva, um organismo completo, com propriedades psicofisicoquímicas tacto antenas circulação coração: viva.
> - o poema concreto ou ideograma passa a ser um campo relacional de funções.
> - o núcleo poético é posto em evidencia não mais pelo encadeamento sucessivo e linear de versos, mas por um sistema de relações e equilíbrios entre quaisquer partes do poema.[50]

Estes trechos de *Poesia Concreta (Manifesto)*, escrito por Augusto de Campos, em 1957, convêm para ilustrar o caráter poético ideogrâmico da escrita fílmica de Jairo Ferreira. Se trocarmos "poema" por "filme" (ou cinepoema), "poeta" por "cineasta" (ou cinepoeta), e "palavras" por "imagens" (e sons), chegamos a uma apropriada equação da concepção/construção fílmica de *O Vampiro da Cinemateca*. Invenção fílmica já presente nos outros filmes do autor, mas que aqui reverbera em maior potência.

*

Em paralelo ao processo de feitura de *O Vampiro da Cinemateca*, Jairo Ferreira redigia o roteiro, ferramenta que conveio como guia, auxílio na concepção e estruturação da jornada, partindo do material bruto até chegar ao filme concluído. O roteiro

---

50 Trechos de *Poesia Concreta (Manifesto)*, de Augusto de Campos, 1957.

final, como escrito por Jairo, apresenta 78 sequências fiéis ao que se sucede na tela, com algumas poucas exceções.[51]

O roteiro por vezes se assemelha a um livro de notas, na medida em que possui anotações extra-fílmicas, isto é, interpretações e comentários do autor, que ajudam a compreender o raciocínio de tendências por vezes labirínticas aplicado na concepção das estruturas e associações que compõe o filme.

Faz-se relevante frisar que as cenas do roteiro não foram apenas redigidas a partir das sequências já concluídas, finalizadas na película. Em determinados casos sim, já em outros o autor concebeu previamente cenas, encaixando-as ao material rodado que já possuía e, posteriormente, as encenou de forma ficcional. Foi assim na já mencionada sequência em que Júlio Calasso Jr. interpreta o personagem João Miraluar, alterego oswaldiano do autor.

No filme há uma sequência metalinguística que discute esta relação entre o roteiro e o filme propriamente dito, que fundamentou e orientou o processo criativo de Jairo Ferreira na concepção e realização de *O Vampiro da Cinemateca*.

Nestas cenas, surgem estilhaços, flashes de outras sequências anteriores do filme – como Reichenbach em frente ao espelho, ou Parolini recitando poema – entrecortadas por seguidas interrupções de pontas brancas de película, que deixam a tela totalmente branca. Ouvimos ao fundo sons como sirenes, tiros e o ruído de um projetor Super-8, enquanto o autor narra, em voz *over*:

---

51 Apenas duas sequências presentes no roteiro não constam no filme final, e uma sequência presente no filme não aparece no roteiro.

> (JF) Um roteiro não é um filme, mas pode ser projetado. O filme é o roteiro do filme que vai ser feito, mas o roteiro já é um filme, um metafilme. Que que é isso?
> (JF 2) Está me dando um branco atrás do outro, um branco atrás do outro. Ah, mas um branco, um branco...
> (JF) O pentelho que pentelha. O projetor que projeta. Ô catso, que merda!
> O projeto pode ser o produto final, mas o produto final volta a ser projeto.
> *(JF 2) E o importante é a discussão em torno do em torno, do entorno, do entorno... (ecos).*[52]

Mais adiante nesta sequência emblemática vemos a imagem de um projetor Super-8, e logo o espectro de Jairo Ferreira surge na tela em plano geral, segurando um espelho, que movimenta em frente à câmera, revelando o entorno do ambiente.

*

Na derradeira sequencia do filme, num passeio da câmera por um boteco na Boca do Lixo, filmando os habitantes da boemia, a imagem se aproxima em *close-up* de uma cesta de frutas que está no balcão do bar. Na locução de Jairo, ouvimos:

> No panorama cítrico/crítico do cinema brasileiro nada se compara a figura deflagradora de Zé do Caixão, criada por José Mojica Marins. Quem é ele afinal? Um

---

52 Como já mencionado, o roteiro de *Umas e Outras / O Vampiro da Cinemateca* seria publicado numa segunda edição da revista *Metacinema* que nunca foi lançada. As indicações "JF" e "JF 2" foram aqui transcritas fielmente: a primeira indicando a narração do autor em voz natural; a segunda indicando um vozeirão grave que dialoga com JF.

sádico? Um lunático? Um fascista? Um ser mutante? Um antropófago? Ou será o brasileiro do século 21?

Aparecem então trechos selecionados de *Esta noite encarnarei no teu cadáver* (1967), filmados da projeção na sala de cinema. Vemos e ouvimos Zé do Caixão em uma cena derradeira do final do filme na qual grita, desesperado, enquanto deblatera-se: "A reencarnação não existe! É fruto da minha imaginação atormentada!". Logo surge o crédito "FIM" do filme de Mojica Marins. Desta forma termina também *O Vampiro da Cinemateca*, com a imagem final do clássico filme de Zé do Caixão, insígnia do horror antropofágico nacional que clareia os caminhos trilhados pelo vampiro Jairo Ferreira nesta sua "estranha aventura do cinema".

> Apesar de todas essas possibilidades, a análise principal parece recair sempre sobre Zé do Caixão, personagem criado por José Mojica Marins e que considero como o mais importante do cinema nacional. Ele está presente do início ao fim do meu filme, permeando todos os estilhaços inter-semióticos e dando unidade ao mosaico. Ele é o homem-que-ri, o grande avacalhador, o brasileiro debochado do século 21... Ele não espinafra o terror político, mas gargalha do terror fílmico, do terrível Doutor Phibes e, inclusive, da minha dedicatória: "Este filme é dedicado aos terroristas... da forma... e naos aos do conteúdo". Ele se anuncia inúmeras vezes, mas só ao fim aparece de fato. *Umas e Outras*, por outro lado, não tem fim. O filme que termina é *Esta noite encarnarei no teu cadáver* (1967). Desnecessário acrescentar que considero Mojica Marins como inventor endossado por inventores (Glauber Rocha, Rogério Sganzerla, Ivan Cardoso). Zé do Caixão, espinha do

peixe no meu filme, é medula e osso na geleia geral do cinema brasileiro, onde ser gênio é ser idiota.[53]

Antes que eu me esqueça

"Só acredito em poeta experimental que tenha vida experimental."

Roberto Piva

Registro documental rodado em Super-8 em 1977 durante o sarau de lançamento do livro "Antes que eu me esqueça", do poeta paulistano Roberto Bicelli, no Teatro Célia Helena. Participam do filme poetas da chamada "Geração 60"[54] de São Paulo, que surge na literatura brasileira após a Geração de 45 e a Poesia Concreta, inspirados pelos *Beatniks* e pelo Surrealismo, com obra marcada pela intrínseca relação entre a poesia e a vida, de forte viés libertário/contracultural, sob o signo da transgressão.

Aparecem no filme, durante leituras de suas obras, os poetas Roberto Piva, Cláudio Willer, Eduardo Fonseca e Luís Fernando Pupo, além do anfitrião Roberto Bicelli. Há ainda Jorge Mautner, acompanhado pelo parceiro Nelson Jacobina ao violão, numa interpretação do samba *Eu sei sofrer* (1937), de Noel Rosa. Em depoimento para a televisão, Roberto Bicelli rememora a atmosfera da festa:

---

53 *Umas e Outras: Um safari semiológico*, 05/08/1977.

54 Em 1961 o editor Massao Ohno publica a *Antologia dos Novíssimos*, com poemas de Roberto Piva, Cláudio Willer, Antônio Fernando de Franceschi e Décio Bar, entre outros. Em 1963, Piva lança *Paranoia*, talvez o livro mais expressivo dessa geração de escritores, com o qual já consolida seu status de poeta maldito.

O lançamento do livro foi inédito, nós fizemos no Teatro Célia Helena, e lá estavam uma academia de sumô, nas paredes nós passávamos filmes de boxe em câmera lenta, nós tínhamos o Mautner e o Aguilar, o Aguilar com vídeo e o Mautner com o Jacobina se apresentando, um recital de poesia, muito vinho, uma chuva desgraçada lá fora, e lá dentro duro de gente.[55]

Após as cenas da apresentação de sumô, que funcionam como um prelúdio, a câmera de Super-8 já flagra o poeta Roberto Piva, ícone transgressor de toda uma geração, declamando seus poemas. As performances de Piva, que se assemelham a espécies de odes, ocupam boa parte dos quinze minutos[56] de filme. *Antes que eu me esqueça* se difere do restante da produção em Super-8 de Jairo Ferreira, já que não é conduzido pela voz *over* do autor. O que predomina é o som direto; Jairo dá voz aos poetas e *performers*, selecionando estilhaços de suas poesias, como que organizando um livro, uma compilação poética audiovisual.

Após o número musical da dupla Jorge Mautner & Nelson Jacobina, os demais poetas alternam suas performances, intercaladas por fragmentos musicais de Jimi Hendrix, Caetano Veloso e do próprio Mautner,[57] entre outros. Tudo transcorre em tom de improviso, tanto nos movimentos livres da câmera, quanto nas leituras performáticas e intuitivas dos poemas. Por vezes Jairo posiciona as lentes em direção aos refletores do teatro, e numa panorâmica volta a filmar o palco, o que gera um efeito enigmático. Tais pontos luminosos se as-

---

55 Programa *Espaço Aberto Literatura*, Globo News, 03/2011.
56 Ao que tudo indica uma versão original do filme, com duração de quarenta minutos, se perdeu.
57 Trechos da música *Matemática do Desejo* (1974) são ouvidos durante todo o filme.

semelham à faróis, numa ilusão de fluxo causada pelo deslocamento da câmera. Como signos paradigmáticos que remetem ao conceito de "iluminação", acendendo a partir daí diversas associações e possibilidades interpretativas e sensoriais.

Tudo transcorre na forma de um registro intuitivo, *happening* que celebra a poesia. Jairo Ferreira, cinepoeta, foi próximo a essa geração de escritores/poetas que retrata no filme. Chegou a participar de saraus, lendo poemas de sua autoria, na companhia dos chamados *beatniks* brasileiros; Cláudio Willer foi quem escreveu o prefácio, e Roberto Piva o posfácio, de seu livro *Cinema de Invenção*. A sintonia experimental/existencial se faz nítida na convergência direta entre a arte e a vida, a vivência nas ruas, a marginalidade existencial e criativa ("só acredito em poeta experimental que tenha vida experimental");[58] e ainda na rebeldia antropofágica de Oswald de Andrade, deglutida e retomada pela Geração 60, que atentou para a ironia e o escárnio enquanto artifícios contra a mediocridade, seja esta de qualquer natureza.

Ao final do filme surge a imagem de uma fliperama que mostra em letras luminosas a insígnia "Criteium 77", indicando a proposta de seleção intrínseca ao filme. No último plano, a figura de Jairo Ferreira com a câmera Super-8 em frente ao espelho, no único momento em que ouvimos sua voz, enunciando que "Antes que eu me esqueça este documentário foi filmado no Teatro Célia Helena,

---

58 Ao final do inspirado ensaio *Cinema: música da luz*, que integra o livro *O cinema segundo a crítica paulista* (1986, organizado por Heitor Capuzzo), Jairo parafraseia Roberto Piva: "A crítica considera prioritário num filme a temática, devido à sua formação conteudística e sócio-ideológica, mas eu não separo a temática da forma utilizada: da forma nasce a ideia (Flaubert) e não há linguagem revolucionária sem forma revolucionária (Maiakovski) e, como o poeta Roberto Piva, só acredito em poeta experimental que tenha vida experimental".

durante a festa de lançamento do livro de Roberto Bicelli. São Paulo, dezembro de 1977".

Horror Palace Hotel

"O horror não está no horror."

Júlio Bressane

Rodado durante o 11º Festival de Brasília do Cinema Brasileiro, em julho de 1978, o média-metragem *Horror Palace Hotel* ou *O Gênio Total*, acompanha os bastidores da mostra paralela *O Horror Nacional*, que ocorreu no festival daquele ano. Como descrito anteriormente, Jairo Ferreira viaja para cobrir o evento como repórter da *Folha de S. Paulo*, e roda o filme quase todo no Hotel Nacional, com a participação de vários de seus comparsas do cinema experimental.

Naquela edição do festival, enquanto a seleção/competição oficial privilegiou o chamado "cinemão", com filmes financiados pela Embrafilme, a mostra paralela exibiu um apanhado de doze filmes pouco vistos ou semi-interditados pela censura. Filmes como *Sem Essa Aranha* (1970), de Rogério Sganzerla, *Agonia* (1978), de Júlio Bressane, *Os Monstros de Babaloo* (1971), de Elyseu Visconti, e *A Sina do Aventureiro* (1958), de José Mojica Marins. Sobre o festival e a mostra *O Horror Nacional*, que acompanhou para a *Folha* com obstinação, o crítico Jairo Ferreira manifestou que:

> A seleção dos filmes da programação oficial, urdida através da Fundação Cultural de Brasília, não contribuiu para fornecer uma ampla visão da produção atual,

já que ficou limitada a meia dúzia de filmes de uma única tendência. [...]
Desde o primeiro dia, concentrei meu trabalho de cobertura na mostra O Horror Nacional, composta de doze filmes semi-interditados, pouco vistos ou recusados na mostra oficial. A intuição me dizia que o horror, com seus vampiros da cultura, terminaria por sugar o sangue cinematográfico de suas vitimas. Deu um revertério desde o momento em que a mostra oficial passou a ser horror e vice-versa, e todo esse processo antropofágico continua a se desenvolver aqui.[59]

Durante os quarentas minutos de *Horror Palace Hotel* podemos assistir, em clima de descontração, depoimentos de cineastas que integraram o evento paralelo, como Sganzerla, Mojica, Bressane e Elyseu Visconti, além da participação de personalidades como Ivan Cardoso, Neville de Almeida, Dilma Lóes, Renato Consorte, Satã (ator e segurança de Mojica), Bernardo Vorobov, Rudá de Andrade, entre outros. Significativa e generosa é a presença do crítico Francisco Luís de Almeida Salles, conhecido como o "presidente", já que durante anos presidiu instituições ligadas ao cinema, como a Cinemateca Brasileira, da qual foi um dos criadores.

*

A maior parte do filme se passa nos espaços do Hotel Nacional, que tradicionalmente abriga os convidados do Festival de Brasília. A câmera de Jairo Ferreira transita por espaços como o bar e a piscina, deflagrando momentos de camaradagem e encontros da turma do cinema experimental e outras personalidades, bem como percorre o

---

59 "A vitória de um horror poético e generoso" in *Folha de S. Paulo*. São Paulo, 29/07/1978.

interior de quartos do hotel, especialmente os de Mojica e Sganzerla, em ocasiões de papos mais intimistas. A costumeira narração *over* de Jairo, em intervenções, se alterna com as predominantes sequências em som direto que captam o ambiente e as conversas.

No documentário, Jairo contou com a colaboração de Rogério Sganzerla como "entrevistador", que por vezes empunha o microfone da câmera Super-8, simulando um repórter; o cineasta ainda assume a câmera em algumas cenas. Os entrevistados que mais participam do filme são Mojica Marins/Zé do Caixão, o "gênio total" a que se refere o subtítulo, presença-signo do "horror"; e Almeida Salles, o "presidente da amizade", que personifica certo sentimento de companheirismo inerente ao filme. Transcrevo um trecho de um longo artigo publicado na revista *Fiesta Cinema*, em setembro daquele ano, acerca os bastidores do festival e da concepção do filme, que destaca a colaboração Jairo e Sganzerla:

> Amigo de Rogério Sganzerla desde longa data, eu estava há muito tempo sem vê-lo. Passava pelo saguão do hotel, filmadora a tiracolo, quando encontro Rogério. Eu ia ao apartamento de Mojica Marins, que Rogério considera gênio. Não tive dúvida em convidá-lo para subir comigo e, a partir daí, tudo o que houve entre nós foi filmado, fotografado e anotado. Na minha máquina de escrever, após uma noite de revelações, ficou uma lauda escrita a duas, quatro, seis, oito mãos. Passo a transcrever esse documento precioso:
> "No apartamento 507 iniciou-se a filmagem de mais um filme retumbante para quem sabe ver e tem olhos livres. Saio do elevador e encontro um jornalista, homem que anda em busca da verdade, no momento a

fim de uma acomodação neste hotel que concentra a temática, os criadores a até o resultado do certame que vai marcar o 11º Festival de Brasília, marginalizando a autêntica sopa de pedra da programação oficial. Horror no Hotel Nacional. Nasce um novo filme – firme e generoso à medida de sua equipe firme e generosa que se cotizou nos corredores do hotel para filmar em Super-8 sonoro as modulações de uma mente livre à beira do precipício, mas mesmo assim segura e indestrutível.[60]

Em cenas no quarto do Hotel Nacional, numa atmosfera de total informalidade, Sganzerla entrevista Mojica, que está recostado na cama e fumando uma cigarrilha, tranquilo. "Eu tenho a impressão que você é um gênio total", diz para o criador de Zé do Caixão. O assunto é recorrente no filme, Mojica representando "o gênio nato, que já nasce sabendo", e a certa altura o mesmo conclui, melancólico: "eu sou um tipo em extinção".

Naquele contexto, Jairo Ferreira se aproveita antropofagicamente do gênero horror para tratar da situação de "horror" em que jazia o cinema nacional e, mais amplamente, a cultura e a situação política do país de maneira geral. Mas ali, a presença de Mojica, além de remeter à discussão acerca do "horror nacional" presente no filme, alude ainda a um tipo de cinema e genialidade "de invenção" abandonada e repudiada pelo oficialismo predominante, o que ali era percebido, por Jairo, na seleção oficial do Festival de Brasília e na atuação da Embrafilme. "Uma raça de rebeldes da América", diz Sganzerla a certa altura; não por acaso filmes como o seu *Abismu*, e *Agonia*, de Bressane, ficaram excluídos da competição. A presença de Mojica/Zé do Caixão, gênio e besta, o precursor do Cinema

---

60 "Cinema, cineminha e cinemão" in *Fiesta Cinema*. São Paulo, 09/1978.

Marginal/de invenção, traduz ali um sentimento de resistência e certa revolta contra o "Cinemão", visto por Jairo e pela turma experimental como um tipo de cinema acomodado e retrógrado, considerado "oficialesco".

> A mostra "O Horror Nacional" ganhou total consistência durante este festival porque sintetiza esses problemas. A melhor observação sobre isso saiu ontém no *Correio Braziliense*, que estampou na primeira página uma foto de Zé do Caixão e seu fiel companheiro Satã, tendo ao fundo a praça dos Três Poderes, com uma legenda altamente esclarecedora: "Zé do Caixão e Satã: Os Poderes do Horror na Praça dos Três Poderes". Trata-se, evidentemente, da repercussão política deste horror que não é apenas cinematográfico.[61]

A atmosfera de protesto é exprimida em diversas frases de efeito, que se utilizam do termo "horror" enquanto metáfora, ouvidas da voz de diversos cineastas, como "o horror não está no horror" (Bressane), "viva a vitória do horror poético e generoso", "chega de importar o horror estrangeiro, nós já temos horror de mais por aqui" (Mojica), "a gente usa o horror contra o horror", "é por isso que eles são horrorosos e nós somos ótimos" (Sganzerla), entre outras. No quarto do hotel, datilografando na máquina de escrever, o discurso de Rogério Sganzerla resume o ambiente em que nasceu o filme *Horror Palace Hotel*:

---

61 "A vitória de um horror poético e generoso" in *Folha de S. Paulo*. São Paulo, 29/07/1978.

Horror no Hotel Nacional, cenário adequado para o novo filme que nasce sobre o próprio horror, marginalizando a programação oficial e instituindo um festival interessante que é no caso o próprio festival de terror, com Mojica Marins, Júlio Bressane, filmes de Fernando Campos, Rogério Sganzerla e também com a câmera de Jairo Ferreira, sem esquecer... Satã! Podemos dizer claramente que o cinema brasileiro está tão ruim que só pode melhorar, por que pior impossível.

A referência ao gênero clássico de ficção de horror/terror é completada pela trilha sonora, com temas em clima de suspense e terror, bem como pelos aspectos luxuosos do hotel, seus quartos, corredores, o bar. Tal atmosfera extrapola ainda na própria forma do filme, com a por vezes imprecisa e precária imagem da película Super-8, muito escura e granulada em cenas noturnas no interior do hotel, mas adequada ao contexto e ao conjunto de assuntos abordados pelo filme.

Trecho simbólico e que evidencia as tensões então presentes no cinema brasileiro é quando, em uma brincadeira, Mojica empurra Arnaldo Jabor – que venceria o festival naquele ano com o filme *Tudo Bem* – na piscina. Na voz *over* de Jairo, ouvimos "o horror... Arnaldo Jabor!", e logo depois "o cinema novo". Fica explícita a insatisfação por parte dos experimentais com os remanescentes do Cinema Novo que, em geral, se beneficiavam da política cinematográfica da Embrafilme naqueles anos. Nesse panorama, escrevendo sobre *Os Monstros de Babaloo*, filme de Elyseu Visconti que integrou a mostra paralela, Jairo Ferreira atenta contra a "ideologia" cinemanovista:

Comparado com filmes da mostra oficial, como *A Queda*, de Ruy Guerra, o de Elyseu parece incomparavelmente novo, parece que foi feito hoje, enquanto o de Ruy Guerra – que é do ano passado – parece ter sido feito há dez anos, no mínimo, pois já está embolorado, repetindo chavões em nome de um povo e de operários do metrô que o diretor não conhece, pois mora ao mesmo tempo em Moçambique e no Leblon. Vamos ver se pelo menos *A Lira do Delírio*, de Walter Lima Jr. e *Tudo Bem* de Arnaldo Jabor, escapam desse déficit ideológico, esse abominável bitolamento político que não tem nada a ver com talento e muito menos com cinema. Em consequência, quando alguns aqui ousam falar em "ideologia", outros falam em "ideograma".[62]

*

Rogério Sganzerla é flagrado no bar do Hotel Nacional, tarde da noite e já transparecendo estar um tanto alterado pelo álcool, em diálogo com Jairo e sua câmera. O cineasta, que em 1968 venceu o Festival de Brasília com *O bandido da luz vermelha*, critica veementemente a situação política e cinematográfica no Brasil. Entre estilhaços expressivos de sua fala, articula que "eles estão adormecidos, e o cinema brasileiro está tão mal que só pode piorar, ainda bem, por que só a partir de uma autocrítica é que pode haver um boom mundial do nosso cinema". E emenda, com ironia: "Eu estou bem, acordado, vivo e de pé. E como diz o presidente Geisel, em seu discurso presidencial, é preciso revalorizar o homem. Quanto a mim, eu sou o homem do cinema brasileiro, e não estou só". A obsessão

---

62 "Em Brasília, a maior atração ainda é o horror" in *Folha de S. Paulo*. São Paulo, 27/07/1978.

de Sganzerla pela figura de Orson Welles se manifesta em diversos momentos em que cita o cineasta no transcorrer do filme.

Afora o certo clima de ressentimento com a condição do cinema brasileiro, há também momentos de descontração, como nas cenas de confraternização da turma do cinema experimental na piscina do hotel, durante o dia. Vemos reunidos na piscina Mojica, Bressane, Neville, entre outros. Ivan Cardoso fala do descaso e falta de comprometimento dos curta-metragistas da ABD[63] com o cinema de invenção. No saguão do hotel, Rudá de Andrade fala para Rogério Sganzerla sobre seu último encontro com o pai, Oswald de Andrade. A presença de Rudá remete a Oswald, numa evocação da antropofagia que marca intrinsecamente a concepção do filme.

Sobre a questão da antropofagia, há também os momentos em que Jairo Ferreira "filma filmes" diretamente da projeção na sala de cinema, durante a mostra *O Horror Nacional*. Utilizando a câmera como uma caneta, na sua ambivalência de crítico e cineasta, narra asserções e opiniões sobre os filmes em voz *over*. Nesse ritual antropófago-cinematográfico direto, reenquadra, reedita ou musica trechos de filmes como *Sem Essa Aranha*, *Os Monstros de Babbaloo* e *Agonia*.

*

Há que se destacar, ainda, a generosa participação de Francisco Luís de Almeida Salles, que aparece em depoimentos e conversas durante boa parte de *Horror Palace Hotel*. No filme, constata-se que "o homem é grande e se impõe pela presença de ideias, voz grave, firme, da melhor eloquência, culta, ao mesmo tempo efetiva e afetiva",[64] como relatou Jairo Ferreira em artigo sobre o presidente da amizade, em 1979.

---

63 Associação Brasileira de Documentaristas e Curta-Metragistas.
64 "Almeida Salles, presidente da amizade" in *Folha de S. Paulo*. São Paulo, 20/12/1979. Jairo Ferreira tinha também a ideia de realizar um filme em homenagem a Almeida Salles, intitulado *Presidente da Amizade*, projeto que nunca se concretizou.

Dentre vários temas, Almeida Salles é questionado por Sganzerla sobre a "genialidade" e sobre sua atuação na preservação do cinema brasileiro, "atitude contra o vandalismo e o extermínio, característica da posição governamental brasileira". Do alto de sua vasta cultura e simpatia, discursa sobre assuntos como "a metafísica do bar", enquanto conversam no bar do Hotel Nacional, sobre o companheirismo e sobre o "negócio", que caracterizaria a "negação do ócio".

Intermediados por Sganzerla, Almeida Salles ("o amigo da amizade, o culto da cultura")[65] e Mojica Marins (Zé do Caixão, a besta) conversam frente a frente no bar. O crítico fala sobre a capacidade de exorcismo de São Miguel Arcanjo. Mojica, que transmutado em Zé do Caixão realizou um exorcismo da situação política do Brasil na praça dos três poderes naqueles dias de festival, responde "quem sabe pode ter alguma coisa dele encarnada em mim e eu não sei, é uma questão de analisar". Os diálogos que se seguem, no clima simpático da conversa, beiram o absurdo.

Ao final, o presidente Almeida Salles embarca no clima do horror, refletindo "que a coisa que mais existe no cinema brasileiro, realmente, é o horror. É horripilante!" E prossegue, articulando que "é preciso horrificar as pessoas, para perturbá-las, para elas adquirirem a visão", frase que sintetiza bem o espírito de *Horror Palace Hotel*.

Nem verdade nem mentira

"Meu nome é Ligéia de Andrade
e eu não gosto de diluição."
Jairo Ferreira

---
65 Segundo o ator Renato Consorte, em depoimento ao filme.

Da mesma forma que *O guru e os guris*, primeiro filme de Jairo Ferreira, o curta-metragem *Nem verdade nem mentira* foi rodado em 35mm e com a uma equipe profissional de cinema. Trata-se do único filme efetivamente ficcional de Jairo, ainda que apresente marcantes traços de documentário. Podemos aferir que nesse caso a própria forma do filme, que transita entre os domínios da ficção e do documentário, convém ao seu tema – ou conteúdo –, que aborda os estatutos de "verdade" e "mentira" no universo jornalístico, no mundo das notícias.

A situação da produção de *Nem verdade nem mentira* foi a seguinte: em 1979, com a chamada "lei do curta" em vigor, os produtores Antônio e Roberto Polo Galante convidam Carlos Reichenbach para dirigir três curtas documentários, visando suprir as demandas do mercado de exibição. Carlão, então, literalmente persuade Galante para que Jairo dirija um dos curtas, assumindo totalmente as responsabilidades pela concretização do projeto. Assim, os dois amigos realizaram os três filmes em parceria: *Nem verdade nem mentira*, com roteiro e direção de Jairo e fotografia de Reichenbach; *Sangue Corsário*, homenagem ao poeta e guru Orlando Parolini; e *O M da Minha Mão*, sobre o universo do acordeonista paulistano Mário Gennari Filho, compositor do clássico *Baião Caçula*. Nos dois últimos, ambos com direção de Reichenbach, Jairo foi corroteirista e assistente;[66] em *O M da Minha Mão*, ainda, aparece no filme como entrevistador do personagem principal. Em duas ocasiões Carlão rememorou, com muito bom humor, tal episódio:

---

66 Nos dois curtas de Reichenbach, Jairo colabora intensamente. Em *Sangue Corsário*, já que também era próximo de Parolini; em *O M da Minha Mão*, sobre a relação da sonoridade de Mário Gennari Filho com os bailes e quermesses tradicionais na periferia da cidade de São Paulo antigamente, as memórias são resgatadas nas lembranças de Carlão (que cresceu no Jabaquara, Zona Sul), e de Jairo (que passou a infância no Tatuapé, Zona Leste).

Quando o Galante me chamou, eu falei "vamos chamar o Jairo pra dirigir um dos curtas?", porque ele tinha me convidado, a gente já tinha feito outro curta, o *Sonhos de Vida*, e ele disse "só se você assumir as responsabilidades, porque esse cara é muito louco". Eu respondi "pode ficar tranquilo que eu boto ele na linha lá". E é muito louco mesmo, por que ele tinha um problema, o problema de lidar com uma equipe grande, e arrumar briga até com a pessoa mais insignificante possível dentro da equipe. Eu me lembro que logo ele estava brigando com o assistente de câmera, e eu disse "escuta, você é o diretor, você não pode brigar com ninguém porra, muito menos com o cara lá, o chefe eletricista, você é louco?!"[67]

O *Nem verdade nem mentira* foi uma proposta que o Galante me fez de fazer três documentários, e eu falei "não quero fazer três documentários". Sugeri o Jairo, e o Galante me falou "você está louco, eu não confio naquele maluco nem a pau, eu não", e eu disse "pode ficar tranquilo que eu me responsabilizo, pode ficar tranquilo. Eu já fiz um filme com ele, e tendo um cara que pega ele pela mão ele vai e faz". Eu tinha certeza disso, e acho uma das melhores coisas que ele fez. Mas eu tinha que acordar ele, era muito louco, tinha que chegar de manhã e falar "Jairo, vamos embora filmar! Levanta aí e não enche o saco!". E era desse jeito, deu certo, fizemos dentro de um tempo recorde inclusive, rápido. Também por que ele filmava muito rápido, sabia muito bem o que ele queria. Eu era o fotógrafo, estava lá para fazer o que ele queria, "me diz o que é que você quer, eu me viro e faço". Foi assim, eu estava lá como um diretor de fotografia. E me dava muito prazer de

---

67 Carlos Reichenbach, em depoimento para este trabalho.

fazer com ele, por que ele tinha lá as idiossincrasias dele... algumas coisas que eu falava... "bicho, não dá foco isso aqui, entendeu?". E nesse ponto, como ele era fotógrafo *still*, ele sabia o que era possível e o que não era possível, então não pedia nada que não possível e não desse para fazer, por que ele era bom fotógrafo inclusive, excelente fotógrafo.[68]

O curioso é notar que, mediante as condições impostas pelos produtores do curta, que aguardavam por um documentário, Jairo Ferreira realiza um filme de ficção travestido na forma de um documentário, situado na fronteira entre os dois domínios.

*

Em *Nem verdade nem mentira* a atriz Patrícia Scalvi interpreta Ligéia de Andrade, uma jovem e inflamada repórter da grande imprensa, que redige um relatório secreto sobre suas atividades e, ao mesmo tempo, interroga seus colegas de redação acerca dos estatutos da verdade e da mentira no universo do jornalismo. Alterego feminino de Jairo Ferreira, Ligéia de Andrade[69] entrevista com naturalidade, durante o filme, Flávio Rangel, Tavares de Miranda, Helô Machado, Emir Nogueira, Adilson Laranjeira e Dirceu Soares, todos jornalistas e então colegas de Jairo na *Folha de S. Paulo*. Sobre estas questões, o crítico e amigo Inácio Araújo esclarece alguns aspectos acerca do filme:

---

68 Carlos Reichenbach, durante participação em debate na "Mostra Jairo Ferreira – Cinema de Invenção", no CCBB-SP, em 09/02/2012.

69 É válido lembrar que Jairo Ferreira usou o pseudônimo de Ligéia de Andrade em artigos no *São Paulo Shimbun* e na revista *Metacinema*. A personagem aparece ainda em *O Vampiro da Cinemateca*.

Os filmes do JF estão sempre ligados a circunstâncias do momento. *Nem verdade nem mentira* foi um documentário com produção Galante feito naquele momento em que havia uma obrigatoriedade de curtas brasileiros etc. e tal. Jairo trabalhava na *Folha*, portanto teria que ser a *Folha* o seu centro, o lugar onde as coisas ocorrem. [...]
Patricia Scalvi é o alterego de JF no filme. Mas ao revê-la, aqui, tive um susto. O JF fez dela uma perfeita jovem jornalista. E ela soube encarnar o papel perfeitamente. [...]
Porque o filme não é a *Folha*. É o Jairo. É ele em sua relação com o mundo, que naquele momento passava intensamente pelo jornal. É essa troca constante, que beira o caótico, às vezes, mas nunca vai até lá (neste filme). Lá estão os jornalistas que entrevista.... Mas JF/PS[70] passa por eles sem se interessar enormemente. Nada do que eles tenham a dizer parece essencial ao filme. O entrar e sair. Aparecer e desaparecer. Isso sim.[71]

Numa análise de *Nem verdade nem mentira*, podemos ponderar que o filme se divide em três linhas centrais, que se alternam ao longo dos seus dez minutos de duração: (1) Ligéia de Andrade em seu quarto, falando e se dirigindo diretamente à câmera e aos espectadores, em tom de depoimento; (2) a repórter na redação do jornal onde trabalha, em trechos que ouvimos sua narração em voz *over*; (3) as entrevistas/conversas com outros jornalistas, seus supostos colegas de profissão.

---

70 Jairo Ferreira/Patrícia Scalvi.
71 Texto sobre *Nem verdade nem mentira*, escrito para o catálogo da mostra *Jairo Ferreira: Cinema de Invenção*, 2012.

As cenas em que Ligéia de Andrade aparece em sua casa foram rodadas no próprio quarto de Jairo Ferreira, no apartamento em que morava naquela época, na Rua Barão de Limeira. A personagem está sentada diante de uma bancada, na qual vemos uma estante com livros e uma máquina de escrever. Está virada para a lateral da bancada, olhando de frente para a câmera e dialogando diretamente com o espectador. Por meio da voz da personagem, estilhaços da postura atuante e libertária de Jairo Ferreira enquanto crítico de cinema ou, de forma mais ampla, enquanto jornalista, em frases como "Minha metralhadora é a máquina de escrever".

Percebemos, ainda, sinais da postura metacrítica que Jairo sempre defendeu, e que dão uma boa ideia dos conceitos que o filme aborda, em trechos como "Não procuro nem a verdade nem a mentira, faço polêmica, imprensa ideogrâmica, editorial libertário. Crônica da crônica, crítica da crítica. Nem a verdade da mentira e nem a mentira da verdade. Tudo que é novo é experimental, inclusive esse meu relatório secreto". Aqui, uma demanda fundamental nos filmes e escritos do autor: se Jairo fazia filmes que discutiam o próprio cinema ("metacinema"), e escrevia sobre cinema com a mesma verve com a qual realizava seus filmes, fica claro que faria também metacrítica ("crônica da crônica, crítica da crítica"). Nestes procedimentos de metalinguagem, tão caros à modernidade nas artes e suas linguagens, o autor encontrava seus artifícios, procurando ser experimental em tudo o que filmava e escrevia.

Sobre estes aspectos, destaca-se a seguinte fala da personagem, acerca da "invenção", refletindo que "A melhor reportagem que fiz era fictícia, os entrevistados pareciam autênticos por que eram falsos. Eles não sabiam falar, mas eu sabia escrever. E isso é uma arte, a arte de inventar notícias quando elas não existem". Em entrevistas e artigos Jairo Ferreira assumiu por vezes esta postura, a de encarar o jornalismo enquanto um território de liberdade criativa, de invenção. Aqui, podemos construir um paralelo com questões históricas que rondam o cinema documentário nas quais, da mesma forma que no mundo do jornalismo, não existem "verdades" ou "mentiras" absolutas, tudo pode ser encarado como questão de "ponto de vista". Jairo defendia esta posição, se mantendo por vezes alheio às possíveis discussões acerca da "ética".

Na redação do jornal, vemos o que seria o dia a dia de Ligéia de Andrade no trabalho, cenas filmadas na redação real da *Folha de S. Paulo*, informação não dada pelo filme. Aqui predomina a narração *over* da personagem, que combinada à trilha sonora busca transmitir, em tom poético, algo de sublime e enigmático acerca da profissão. A personagem reflete que "A rotina tem seu encanto, estou aqui estou lá, redação e deserto, uma coisa só. Profissão repórter. Aqui armei minha tenda, meu arquivo de sonhos, e desse oásis não abro mão. A redação é um campo de batalha: o amor, o talento, o sangue. Manchete de jornal". Enquanto Ligéia/Jairo elucubram, estilhaços de frases marcantes surgem em close, datilografados na máquina de escrever, na função de letreiros que dialogam com a narração.

Nas entrevistas com os jornalistas, em atmosfera de conversa informal, Ligéia indaga os companheiros sobre a verdade e a mentira no jornalismo. Aqui ganham força os traços de documentário que compõe o filme: na redação, o ambiente é real, com planos nos quais ao fundo pessoas aparecem trabalhando; as identidades dos entrevistados são reais, o que também interfere nas perguntas e assuntos tratados com cada personalidade. Aqui, estão em pauta ainda temas como a abertura política do país (na pergunta a Flávio Rangel), bem como preferências político-ideológicas e religiosas (que parecem surpreender Tavares de Miranda). Emblemática no contexto do filme é a declaração de Adilson Laranjeira, claramente ensaiada como uma cena de ficção: "Você sabe quem é que está certo? Quem está certo é aquele jornalista bêbado do filme *O homem que matou o facínora*, você lembra o que ele disse? Se a verdade histórica não é tão boa quanto a lenda, imprima-se a lenda".

Ao final do filme, na redação do jornal, sentada numa mesa em frente à máquina de escrever e olhando direto para os espectadores, Ligéia de Andrade lê sua fala em folhas que segura, as quais descobrimos conter o relatório secreto. Neste momento alegórico, o relatório se equipara ao próprio roteiro/filme, lido pela atriz de frente para a câmera:

> Abomino os proselitistas e patrulheiros de qualquer ordem. Quem sou eu? Não sou alguém, sou ninguém, isto é, sou eu e deus e mais uma partícula do pensamento revolucionário que não se conforma com a simples ilustração das aparências. Meu nome é Ligéia de Andrade, e não gosto de diluição. E o importante não é o que está neste relatório confidencial, mas o que ficou de fora.

O Insigne Ficante

"A chave é a invenção."
Ezra Pound

O Insigne Ficante, segundo longa-metragem de Jairo Ferreira, foi rodado entre os anos de 1977 e 1980. Último filme do autor captado na bitola Super-8, sua realização teve inicio logo após a conclusão de *O Vampiro da Cinemateca*. Neste sentido, pode ser considerado uma espécie de prolongamento do processo do primeiro, ainda que com características bem diferentes. Logo, não se trata de uma continuação fílmica do *Vampiro*, mas de uma extensão do processo artesanal e solitário de realização, bem como dos procedimento de registrar eventos do cotidiano, as pessoas próximas, de carregar a câmera consigo.

Enquanto em *O Vampiro da Cinemateca* a discussão acerca da cidade de São Paulo está em primeiro plano, em *O Insigne Ficante* ela pouco aparece, já que muitas das sequências captam ocasiões de viagens de Jairo Ferreira à diversas partes. Especialmente as viagens ao interior de Goiás, onde morava o amigo de juventude Edson Cálgaro, e à Europa, em visita a Inácio Araújo, que naquela época vivia em Paris. Jairo registra, ainda, momentos nas cidades de Porto Alegre, Rio de Janeiro, Salvador, Belo Horizonte, Cananéia-SP, entre outras.

Se em *O Vampiro* os debates fundamentais giravam sobretudo em torno da questão da Antropofagia Cultural e Oswald de Andrade, aqui giram em torno da questão da "invenção", obviamente sob a influência do poeta norte-americano Ezra Pound e seus estudos teórico-críticos compreendidos no livro *ABC of Reading* (1934), no Brasil traduzido e organizado por Augusto de Campos como *ABC da Literatura*.[72] Jairo Ferreira aborda as noções teóricas de Pound acerca das "categorias de crítica" e as "funções da crítica". Mas, sobretudo, aborda as questões referentes à seleção/"paideuma" e as "categorias de escritores" propostas por Pound.

Outra distinção primordial de *O Insigne Ficante* em relação ao seu antecessor é que, embora seja um metafilme igualmente composto por fragmentos de imagens e sons, aqui estes não se dão tanto

---

72 Organizado por Augusto de Campos; traduzido por Augusto de Campos e José Paulo Paes.

em registro de estilhaços, nem numa profusão tão grandiloquente, caótica ou labiríntica de informações, alusões, referências ou citações. Desta forma, podemos aferir que se trata de um filme mais plácido e fluído que *O Vampiro da Cinemateca*, mas ainda assim tão inventivo e experimental quanto o primeiro. É o único de seus filmes que o autor classificou como "cinediário".[73]

Em termos de procedimentos práticos, Jairo Ferreira continua se utilizando de som direto, bem como de narrações em diferentes registros. Aqui predomina a locução com sua voz natural, debatida por vezes pela narração em velocidade desacelerada, cavernosa. Há, ainda, artifícios de aceleração de som e imagem, por vezes causando efeitos cômicos, em cenas mais descontraídas do filme. O procedimento fílmico de "sugar" cenas de terceiros ainda persiste, mesmo que de forma menos profusa que no longa anterior do autor.

*

O Insigne Ficante se inicia com o registro de uma viagem de Jairo Ferreira ao interior de Goiás, onde vivia então Édson Cálgaro, seu antigo amigo inseparável, companheiro de perambulações por "poeiras" de bairro no início da juventude.[74]

Em meio ao ambiente rural, imagens captadas de dentro do carro, bem como dos comparsas perambulando pela mata, alguns trechos com som direto e outros com a costumeira narração do autor. Na pauta, entre comentários sobre ecologia, misticismo e

---

73 Informação encontrada nos originais do livro *Só por hoje*. No início dos anos 2000, Carlão Reichenbach preparava uma *home page* de Jairo Ferreira, que nunca foi ao ar. Um protótipo impresso desta página com informações sobre Jairo e sua obra escritas pelo mesmo, encontra-se anexado aos originais do livro *Só por hoje*.

74 Em depoimento para este trabalho, Jane Ferreira relembra que Jairo e Cálgaro, naquela época, por volta de 1960, viviam competindo sobre qual dos dois assistiria mais filmes ao longo de cada ano.

ufologia – "A megalópole não dá mais pé, só o deserto liberta, pela magia. Terra, ar, água, fogo. Uma aventura ufológica pelo planalto central…" –, Jairo Ferreira já inicia a discorrer sobre as "categorias de crítica" cunhadas por Ezra Pound: "aos campos, pelos campos, dos Campos. 'A criação está presente em quase todas as categorias de críticas que Ezra Pound admite como válidas'…".[75]

Após se referir aos irmãos Campos, no clima de curtição da jornada na companhia de Cálgaro em meio aos "campos", Jairo Ferreira efetivamente lê, em voz *over*, trechos da apresentação/prefácio de Augusto de Campos no livro *ABC da Literatura*, intitulada *As antenas de Ezra Pound*, texto no qual o poeta concreto sintetiza as principais ideias presentes no livro.

Em outros momentos de *O Insigne Ficante*, Jairo se utiliza do mesmo procedimento, a leitura de trechos do prefácio de Augusto de Campos. Há no filme esta discussão acerca das categorias e funções da crítica e, como "poundiano" de carteirinha, obviamente estas ideias se refletiam no trabalho/processo crítico de Jairo Ferreira, na postura de encarar a crítica enquanto criação, experimentação – invenção – propriamente dita. Seguem leituras em voz *over* de trechos do prefácio do livro de Pound por Augusto de Campos:

> Pound, para quem a crítica tem basicamente duas funções: "1 – teoricamente, ela tenta preceder a composição, para servir de alça de mira, o que jamais acontece, pois a obra sempre acaba ultrapassando a formulação; não há caso de crítica desta espécie que não tenha sido feita pelos próprios compositores. 2 – seleção: a ordenação geral e mondadura do que está sendo realizado; a eliminação de repetições, isto é, o estabelecimento do

---

75 Trechos da apresentação de *ABC da Literatura*, escrita por Augusto de Campos.

paideuma, ou seja: a ordenação do conhecimento de modo que o próximo homem (ou geração) possa achar, o mais rapidamente possível, a parte viva dele e gastar um mínimo de tempo com itens obsoletos".

Logo após o referido trecho, a narração conclui: "Orson Welles que o diga". Vemos então fragmentos de imagens de discos voadores utilizadas por Orson Welles, um dos paradigmas de invenção para Jairo, em *F for Fake* (1974), que remetem à clássica transmissão radiofônica de *A Guerra dos Mundos* produzida pelo jovem Welles em 1938. Logo após, na narração outra leitura de trecho de *ABC da Literatura*, citando quatro das definições de categorias de escritores propostas por Pound:

> **Inventores.** Homens que descobriram um novo processo ou cuja obra nos dá o primeiro exemplo conhecido de um processo.
> **Mestres.** Homens que combinaram um certo número de tais processos e que os usaram tão bem ou melhor que os inventores.
> **Diluidores.** Homens que vieram depois das duas primeiras espécies de escritor e não foram capazes de realizar tão bem o trabalho.
> **Lançadores de modas.** Aqueles cuja onda se mantém por alguns séculos ou algumas décadas e de repente entra em recesso, deixando as coisas como estavam.[76]

---

76 Há ainda duas categorias de escritores propostas por Pound, não citadas aqui por Jairo Ferreira: *Bons Escritores* e *Beletristas*, que se situam abaixo de *Diluidores* e acima da mais rasteira, *Lançadores de Modas*.

Seguem-se fragmentos de *Aopção*,[77] filme de outro inventor paradigmático, Ozualdo Candeias, e um *close* em *zoom out* de um ventre feminino, sugerindo a concepção, o rito da criação/invenção. Destaca-se, também, um emblemático e singelo trecho de um desenho do personagem *Speedy González*, o *Ligeirinho*,[78] que por ser veloz demais sempre chega à frente dos outros, qualidade empregada aqui como metáfora para a condição da vanguarda, no âmbito da criação artística.

Podemos constatar que as elucubrações fundamentadas nas teorias pragmáticas de Ezra Pound acerca da análise literária, no que tange o conceito de "invenção", já vinham sendo abrangidas por filmes e artigos anteriores de Jairo Ferreira, obviamente transpostas para o âmbito do cinema. Mas é em *O Insigne Ficante* que são mais debatidas, na medida em que o filme aborda, sobretudo na sua parte inicial, o estatuto da crítica. Com o passar dos anos, a partir da década de 1970, Jairo se refere cada vez mais às noções de "invenção"/"inventores", demanda que culmina no título e conceituação, ainda que de forma livre, de seu livro *Cinema de Invenção*, lançado em 1986.

---

[77] Aparecem trechos de *Aopção ou as rosas da estrada* (1981), de Ozualdo Candeias, nos quais Jairo Ferreira, ator do filme, surge na pele de um pregador da bíblia e acaba despido por prostitutas em um prostíbulo de beira da estrada.

[78] Personagem criado pelos estúdios *Warner Brothers*. O crítico Juliano Tosi descreve a cena e seus significados de maneira certeira, em texto para o catálogo da mostra *Jairo Ferreira: Cinema de Invenção*: "[...] a cena, fabulosa, retirada de um desenho do Ligeirinho (dublado em italiano!): diante da pasmaceira, do "cemitério dos vivos", de uma vida que é pura repetição, lenta demais, surge a figura muito veloz (os lentos demais só veem seu rastro, depois que já passou) do Ligeirinho. Ele vive plenamente: não dedica o melhor de seu tempo e energia com o inútil. É dele, portanto, o beijo da moça mais bela, cobiçada por todos os demais. Mas ele, por viver mais, desejar mais, também pode mais".

É relevante relembrar que as teorias de Ezra Pound serviram como antena/guia para o cerne da Poesia Concreta e seu grupo inicial (irmãos Campos e Décio Pignatari), quando da criação de tal movimento.

*

Dentre outros criadores selecionados pelas lentes de Jairo Ferreira em *O Insigne Ficante*, o poeta transgressor Roberto Piva surge à luz de velas; já o diretor Jean Garrett, cinema Boca do Lixo, aparece no *set* de filmagem de *A mulher que inventou o amor* (1978), filme no qual Jairo participa como ator.

Há ainda um arrebatador depoimento do escritor maldito e psiquiatra gaúcho Dyonélio Machado, autor do seminal romance *Os Ratos* (1935). O escritor aparece em sua casa, alguns anos antes da realização do curta-metragem *Dr. Dyonélio* (1981), dirigido por Ivan Cardoso com texto e "orientação teórica"[79] de Décio Pignatari. Aqui, a declaração de Dyonélio Machado é idêntica às suas falas no filme de Ivan Cardoso, e se assemelham bem às opiniões do próprio Jairo Ferreira, acerca da situação do cinema – bem como das artes e da cultura em geral no Brasil –, presentes nos artigos que escrevia aquela época para a *Folha*.

> (JF) Dyonélio Machado, por que você acha que a arte atual está em decadência?
> "Eu acho que nós estamos invertendo. Isso que eu disse do melhor cantor é aquele que não tem voz, o melhor escritor é aquele que não conhece a língua. Tudo isso é uma forma de luta, eles lutam assim, estão lutando contra uma situação, mas lutando eu penso que com más armas, com péssimas armas. Não se luta contra uma arte

---

79 Como consta nos créditos do filme, também rodado em Super-8mm.

fazendo o contrário da arte. É mais fácil fazer arte como se faz agora, sem nenhuma base, sem nenhum trabalho prévio. O escritor precisava ter muitas leituras, dominar a língua para ser escritor, agora não precisa. Antigamente o pintor precisava estudar a anatomia humana para pintar, agora não tem nada disso. Vai-se pelo que é mais fácil. Além disso, vai-se hostilizando. Isto é uma forma de luta. Uma luta parecida com a luta infantil, que estraga uma coisa por que está com raiva."

*

No filme surgem trechos dos bastidores das filmagens de *O Gigante da América* (1980), de Júlio Bressane. Jairo Ferreira capta o cenário babilônico/carnavalesco, com a presença do diretor em ação, de Ivan Cardoso (assistente de direção e corroteirista), Jece Valadão (ator e produtor) e José Lewgoy (ator), entre vários membros do elenco e equipe. Na sequência, em meio à locução, Jairo lê trechos do roteiro do filme, e em determinado momento Bressane, dirigindo, "dá" uma fala sugestiva a Lewgoy: "o importante é experimentar". Em texto panorâmico sobre a obra de Júlio Bressane para a *Folha*, Jairo narra a experiência, condensando as informações relevantes:

> Recentemente estive nos estúdios da Magnus Filmes, assistindo as filmagens de O Gigante da América, o primeiro filme que Bressane faz com financiamento da Embrafilme. Acompanhei a sequência de um baile babilônico, feita sobre o principal cenário de Intolerância, de Griffith que, como se sabe, foi um dos mitos do Orson Welles cinéfilo. Do roteiro, 30 páginas que mais parecem um poema de Mallarmé, retirei algumas pérolas: "O verdadeiro implica o falso; Eu sou absurdo pelo que

procuro e grande pelo que encontro; O barco do sonho não tem porto; As buscas insensatas são parentes das descobertas imprevistas; O papel do inexistente existe". Bressane me mostrou o cenário dessa "intolerância nacional" e sentenciou: "Pitangueiras não dá manga", aforismo, aliás, dito no filme por um dos personagens.[80]

Na parte final da sequência que acompanha o *set* de Bressane, a trilha sonora é simbólica. Ouvimos a marchinha carnavalesca *Pé de Anjo*, composta por Sinhô, em 1919, e interpretada por Francisco Alves. Sinhô, considerado um dos pioneiros e mais importantes compositores da primeira fase do samba carioca, foi ao menos o "inventor" do primeiro samba denominado como marcha, justamente *Pé de Anjo*, a música que escutamos na cena.

Afora as óbvias e costumeiras alusões à chanchada, a letra da marchinha, em tom satírico,[81] diz: "Ó pé de anjo, ó pé de anjo / És rezador, és rezador / Tens um pé tão grande / Que és capaz de pisar Nosso Senhor...". Os versos da letra são, de certa forma, endereçados à própria figura de Júlio Bressane, o que fica claro em sequências posteriores do filme, e que trataremos aqui. Ao longo do filme, Jairo emprega simbolicamente, ainda, duas outras composições de Sinhô, *Gosto que me enrosco* e *Cansei*,[82] ambas tocadas em baixa rotação.

*

---

80 "Júlio Bressane, rebelde da América" in *Folha de S. Paulo*. São Paulo, 30/03/1979.

81 Sinhô se envolveu em polêmicas com Donga, que em 1917 registrou *Pelo Telefone*, primeiro samba a ser gravado, e com vários outros sambistas que também reivindicavam a autoria de tal música. Desta disputa saíram diversos sambas com provocações mútuas, entre estes *Pé de Anjo*.

82 As duas na voz de Mário Reis.

Em *O Insigne Ficante*, longas são as sequências rodadas em Paris[83] com Inácio Araújo, amigo que mais participa do filme; aqui Carlão Reichenbach, apesar de operar a câmera em cenas performáticas de Jairo, surge apenas em um segmento. Tão logo Inácio desponta, já o ouvimos proferir, em *close*, que: "O cinema é uma coisa árdua. Samuel Fuller já falou que o cinema é emoção, então o cinema é amor, é uma coisa que você precisa amar, senão não adianta, senão não interessa". Declaração chave para se decifrar o itinerário do filme, miscelânea que combina diário, amizades, Pound/invenção e, sobretudo, a paixão pelo cinema.

Ao longo de mais de dez minutos do filme, enquanto a câmera subjetiva transita pelas ruas de Londres, pelos luminosos de *Piccadilly Circus*, por um *travelling* da janela de um trem, pelas ruas de Paris, Jairo Ferreira lê, na íntegra e em tom afetuoso, uma carta que Inácio Araújo o enviou da Europa, em 1979. Na carta, de teor extremamente pessoal e confessional, Inácio tece algumas críticas ao pensamento geral sobre cinema no Brasil, sobretudo direcionadas a uma edição específica da revista *Cine Olho*[84] enviada a ele por Jairo, na qual considerou que o cinema de Júlio Bressane, aquela altura, no Brasil, estava considerado "acima da crítica".[85] O jovem Inácio Araújo dispara, ainda, outros ataques, bem alinhavado às indigna-

---

83 Jairo havia viajado à Europa para cobrir, à serviço da *Folha*, o Festival de Cinema Fantástico de Sitges, que naquele ano, 1978, exibiu *Delírios de um anormal*, de José Mojica Marins. Aproveitou, então, para conhecer outros países e passar suas férias na casa de Inácio Araújo, que naquela época cursava mestrado na França.

84 *Cine Olho nº 5-6*, 08/1979.

85 Entre outras palavras sobre o assunto, Inácio escreve: "Agora que me ocorre voltar, de repente me invade um certo temor quanto ao sectarismo generalizado dos nossos letrados. [...] a julgar pelos artigos o Bressane é um cara acima da crítica, irônico, não? Ele antes era abaixo da crítica, agora ninguém ousa dizer que ele tem filmes melhores e outros piores. Eu acho engraçado, por que até o Fritz Lang tem filme merda, mas o Bressane não."

ções de Jairo no contexto daquela época em relação ao cinema nacional, em clima de protesto. Dessa forma, Jairo realiza uma espécie de leitura "interpretativa" da carta de Inácio, aproveitando-a oportunamente no filme. Segue transcrito um trecho do último fragmento da extensa correspondência narrada por Jairo:

> Como sempre, no Brasil, quando acaba a censura e abrem-se as gavetas, só tem bobagem, só besteira. E isso me assusta demais. Atrás de um artigo que você me mandou, sobre o Rogério, vinha a estória de um manifesto da ABD em defesa do cinema nacional. Eu pensei: que coisa mais sem vontade, que convencional. O *Cine Olho* é o tipo da revista que não cheira nem fode, e de resto, nem pode. Ficam puxando o saco do Bressane, como se fosse uma grande coisa. Enfim, melhor isso do que nada... será? Mas eu penso que está na hora de botar a boca no mundo, de abrir a "apertura", de zonear, de fazer um manifesto de ataque ao cinema nacional. Esse cinemão subsidiado no pior sentido do termo, velho, essa coisa de funcionário público, essa escrotidão que só o Brasil mesmo ousaria chamar de "indústria de cinema". E são todos, a Embrafilme à frente, que estão acabando com o gosto das pessoas, com o prazer das pessoas, e subsidiando a própria morte do cinema nacional.[86]

Após a leitura da carta, o filme mostra imagens de Inácio Araújo em sua casa; na banda sonora, em baixa rotação, o sugestivo

---

86 Acerca do episódio e da maneira de Jairo misturar filme e vida, Inácio Araújo escreveu, em texto no catálogo da *Mostra Jairo Ferreira: Cinema de Invenção*: "Nunca vou perdoá-lo por usar uma carta que lhe escrevi, uma carta muito pessoal, aliás, com coisas tremendamente provisórias, num filme".

samba *Cansei*,[87] também composto por Sinhô, cujo teor da letra reflete os protestos de Inácio. Segue-se ao ritual íntimo-afetivo de exposição da carta[88] do amigo trechos nos quais Inácio discorre suas opiniões acerca de teoria e crítica de cinema. Em suas reflexões, cita Godard, e uma crítica de cinema escrita por Jorge Luís Borges.

Ao fim da sequência surgem as únicas imagens do filme que tangem o ficcional: Inácio fumando um charuto, de boina, óculos escuros e sobretudo, num parque acompanhado por duas mulheres; os três interpretam fragmentos ficcíos que aludem ao gênero policial, em clima de suspense.

No decorrer do filme Jairo lê, ainda, trechos de carta sua para Inácio, bem como outra carta de Inácio. Em outros pontos, Jairo se refere a Bressane com ironia. Pelas suas críticas e opiniões, fica claro o quanto admirava o cinema de Bressane, mas isso não implica considerá-lo "acima da crítica", uma espécie de semideus intocável, daí advém o sentido da letra da marchinha *Pé de Anjo*, utilizada na sequência em que registra o *set* de *O Gigante da América*.

*

Em seguida Jairo entrevista o jovem superoitista Edgar Navarro, que discorre sobre sua escatologia em *O Rei do Cagaço*[89] ("cultura

---

87 A letra diz: "Cansei, cansei / Cansei de te querer /Pois fui de plaga em plaga / O ale do além / Numa esperança vaga / E eu pude compreender / Por que cansei / Cansei de padecer / Pois lá ouvi de deus / A sua voz dizer / Que eu não vim ao mundo / Somente com o fito eterno de sofrer".

88 Inácio relembra Jairo, em tom de brincadeira, em depoimento para este trabalho: "O Jairo era uma merda, era um bom filho da puta. Tem uma carta que eu mandei pra ele, uma carta pessoal, ele pegou e botou no filme. Mas quando foi me mostrar, ele botou o projetor rápido, pra fingir que aquela parte é rápida. Depois quando eu vi, em 1990 e pouco, puta que pariu! Fico eu lá falando umas coisas, mas que eu falava pessoalmente, não eram coisas públicas, mas o Jairo era isso…"

89 Rodado por Navarro em Super-8, em 1977.

começa com cu", pondera o cineasta), durante a Jornada de Curtas-metragens da Bahia, em 1978, que cobriu como repórter da *Folha*.

Jairo Ferreira capta, ainda, o cineasta alemão Werner Herzog, em sua primeira visita ao Brasil, durante coletiva de imprensa no MIS, em 1977. Trazido ao país por Bernardo Vorobow,[90] então programador do MIS, Herzog fala do ator Bruno S., com quem havia recentemente rodado *Stroszek* (1977); "Eu só sei fazer filmes com pessoas de quem eu gosto muito, que eu amo, pessoas que eu sinto próximas"; anotação que condiz com o espírito dos filmes de Jairo e sua relação de vida com o cinema.

*

Nas cenas em que Jairo Ferreira aparece, sobretudo numa longa sequência de dez minutos na metade final de *O Insigne Ficante*, discute sobretudo questões acerca dos estatutos da "vanguarda brasileira", e das noções poundianas de "seleção" e "invenção". Nas cenas com som direto, a câmera é operada por Carlos Reichenbach, e Jairo quase sempre impunha o microfone, lendo textos de sua autoria escritos para o filme, bem como citando escritos paradigmáticos de outros autores que dialogam com as inquietações vigentes no filme. É o caso do fragmento abaixo de *Situação da Vanguarda no Brasil (Proposta/66)*, texto escrito por Hélio Oiticica,[91] artista-plástico inovador e experimental – integrante do grupo Neoconcreto –, no qual propõe que:

> Se quisermos definir uma posição específica para o que chamamos de vanguarda brasileira, teremos que procurar caracterizar a mesma como um fenômeno típico

---

90   Que por sua vez também surge no filme, discutindo violentamente com estudantes.
91   Hélio Oiticica também experimentou em Super-8; inventor do conceito do "quasi cinema".

brasileiro, sob pena de não ser vanguarda nenhuma, mas apenas uma falsa vanguarda, epígono da americana (pop) ou da francesa, (*nouveau réalism*) etc. Como artista integrante dessa vanguarda brasileira, e teórico, digo que o acervo de criações do qual podemos chamar de vanguarda brasileira, é um fenômeno novo no panorama internacional, independentes dessas manifestações típicas americanas ou europeias. Vinculação existe, é claro, pois no campo da arte... Isto é algo que já se sabe há muito e não interessa discutir aqui.

No plano seguinte, vemos apenas as pernas de Jairo, em frente à uma televisão fora de sintonia. Suas pernas se sacodem, de maneira cômica, ao som do samba *Maria Boa*[92] (1935), de Assis Valente. Aqui, fica clara a alusão ao penetrável *Tropicália*, obra de Hélio Oiticica exposta pela primeira vez na mostra *Nova Objetividade Brasileira*, em 1967, exposição cuja proposta começa a ser definida a partir das ideias do texto citado no filme, escrito por Oiticica em 1966. A instalação *Tropicália* serve como inspiração para a criação do *Tropicalismo*, movimento sobretudo musical e com o qual a obra de Jairo Ferreira por vezes dialoga e se identifica.[93]

Nestas cenas, captadas no apartamento de Jairo, à época na rua Barão de Limeira vemos, enquanto a câmera circula pela casa, seus arquivos de publicações, textos, críticas, recortes sobre cinema brasileiro, que colecionava e organizava desde o início dos anos

---

92 Interpretado pelo Bando da Lua.
93 Aqui, faz-se relevante constatar outras relações; para o cenário de *O Gigante da América*, filme cujo processo de realização é abordado em *O Insigne Ficante*, Hélio Oiticica realiza o penetrável *Tenda-Luz*. Ideias de Oiticica guiaram Bressane na concepção de *O Gigante*, cujo roteiro Jairo teve acesso.

1960, e dos quais posteriormente "sintetizaria" trechos fundamentais na composição de colagem do livro *Cinema de Invenção*. A próxima sequência é rodada na estrada; primeiro vemos cenas de Jairo no interior do carro e, posteriormente, no acostamento, em instigantes composições do quadro. Falando diretamente ao microfone da câmera, o autor oferece alguns sinais para uma possível compreensão para o enigma do título de *O Insigne Ficante*:

> Quanto a mim, o que interessa não é só o tripé Rimbaud, Lautreamont, Baudelaire. É a panorâmica protoplásmica, necropsia do *Vampiro da Cinemateca*. Não interessa o que exprime, nem como exprime, nem como espreme, mas como deixam de exprimir a tragichanchada, isto é, a anormalidade normal. O enigma é a solução do enigma. Sigma signa sina aventureira, insigne por isto mesmo ficante. [...]
> Suprassumo da suma, suma de Santo Agostinho, sumiço. Em algum momento da história, sempre surge alguém querendo fazer uma súmula. Aceitei este desafio no experimental cinema brasileiro. Suma, súmula, síntese, ideograma.

Se em *O Vampiro da Cinemateca*, o vampiro em questão não é senão o próprio autor, aqui o "insigne" do título parece ser o seu alimento predileto, o próprio cinema experimental, o sumo/extrato que fica ("insigne, por isto mesmo ficante"), que permanece após a síntese/súmula. O cinema que persiste por seu teor de "invenção", dentro do paradigma da análise pragmática proposta por Ezra Pound.

Jairo Ferreira assume seu "desafio no experimental cinema brasileiro", como crítico e escritor, já que vinha escrevendo seu livro-súmula desde 1977, síntese que finalmente concretiza com o lançamento de *Cinema de Invenção*, no ano de 1986.

Já nos minutos finais, entre imagens rápidas dos bastidores de *O M da Minha Mão*[94] e *Nem verdade nem mentira*, a câmera de Jairo registra, em viagem a Belo Horizonte, o *1º Encontro de Cinema Brasileiro Independente*, em 1980, coordenado pelo cineasta mineiro Sylvio Lanna, autor do radical longa *Sagrada Família* (1970).

Numa mesa de bar, em atmosfera de descontração, Jairo capta depoimentos sobre a "experiência do cinema experimental", de personalidades como Maria Gladys, Paulo César Peréio e Geraldo Veloso; na mesa, estão também Sylvio Lanna, Elyseu Visconti e outros. A tônica das conversas são reivindicações da turma do cinema experimental; "estamos aqui em Belo Horizonte, procurando uma grande reunião, um grande encontro com as pessoas que tem uma afinidade há algum tempo, um histórico...", diz Geraldo Veloso, entre outras declarações.

Ao final, após uma rápida imagem de Mário Peixoto, no documentário *O Homem do Morcego*,[95] vemos fragmentos lapidares do seminal *Limite* (1931), selecionados pelo autor e filmadas a partir da tela de cinema. Com dois minutos de imagens silenciosas de *Limite*, precursor do experimental no nosso cinema,[96] Jairo Ferreira conclui *O Insigne Ficante*, bem como encerra este seu ciclo de aventuras cinepoéticas.

---

94 Dirigido por Carlos Reichenbach e produzido simultaneamente a *Nem verdade nem mentira* (1979).
95 Filme de Ruy Solberg, 1980.
96 "*Limite* funda o experimental no cinema brasileiro", diria Jairo Ferreira a Arthur Autran e Paulo Sacramento, em entrevista concedida em 1991.

As aventuras de Raul Seixas na cidade de Toth

Após um hiato de treze anos desde a realização de seu último filme rodado em Super-8, Jairo Ferreira realiza em 1993 o curta-metragem *Metamorfose Ambulante ou As Aventuras de Raul Seixas na Cidade de Toth*, documentário em vídeo que aborda o universo do roqueiro Raul Seixas, com duração de dezenove minutos.

Único filme de Jairo Ferreira que contou com incentivo de verbas públicas, o projeto foi financiado pelo antigo Prêmio Estímulo para a Realização de Vídeo Tape, em 1991, concurso vigente naquela época. As imagens foram captadas com uma câmera VHS-Compact, e posteriormente transferidas para U-matic, formato no qual o filme precisou ser finalizado, por exigências do edital.

As gravações foram em vídeo, mas produção foi à moda antiga dos filmes de Jairo Ferreira, já que a equipe durante as filmagens contou apenas com Jairo e Paulo Sacramento, que participou como assistente de direção, além de exercer diversas outras tarefas.

Na época, Jairo estava bastante próximo dos integrantes da produtora independente Paraísos Artificiais, da qual faziam parte, além de Paulo Sacramento, os cineastas Marcelo Toledo, Débora Waldman, Christian Saaghard e Paolo Gregori. Paulo Sacramento relembra aqueles tempos e as gravações do filme:

> A gente sempre ficava enchendo o saco do Jairo, dizendo que ele tinha que voltar a filmar, e sempre perguntava se ele não tinha roteiro, se não queria fazer e tal. E ele já estava aquela época muito interessado em outras coisas, além do cinema, do Cinema Marginal, enfim, magia, Raul Seixas, esses outros caminhos. E claro que

o filme que ele quis fazer foi um... documentário... não exatamente um documentário sobre o Raul. [...] Nesse filme a equipe eram duas pessoas: eu e o Jairo. Eu pegava meu carro, ia até a casa do Jairo, ele descia com a câmera dele, na época uma VHS Compact e a gente saia. "Pra onde é que a gente vai hoje?", daí ele: "Vamos para tal lugar". Na época não tinha celular, mas tinha um orelhão em frente a casa dele, a gente ligava pra umas pessoas dali e pronto, estava feita a produção e a gente saía pra filmar. Foi filmar com o Costa Senna... Eu me lembro muito desse dia do Costa Senna, no parque da Aclimação. Era o cara que tinha os mandamentos do raulseixismo, alguma coisa assim, muito engraçado. O Jairo levou a iluminação, que era uma lanterna, daí ele me deu e enquanto ele ficava com a câmera entrevistando, eu tinha que ficar fazendo umas luzes verdes na cara do Costa Senna e tal. [...]
Eu fazia still, era produtor, assistente de direção, motorista... E ele tinha ganhado um prêmio estímulo, e o filme tinha que ser feito em U-matic, coisas mais complicadas, câmeras mais pesadas. E daí ele filmou em VHS Compact, transferiu e entregou em U-matic.[97]

Participam do filme Toninho Buda, amigo, espécie de discípulo e sósia de Raul Seixas, que interpreta a figura de Raul, em registro documental; Sylvio Passos, presidente e fundador do Raul Rock Club; e Costa Senna, cordelista, compositor e seguidor de Raul Seixas; todos os três, obviamente, discípulos de Raul Seixas e suas ideias, adeptos do chamado "raulseixismo".

---

97 Paulo Sacramento, em depoimento para este trabalho.

Jairo Ferreira começou a se interessar por Raul Seixas no final dos anos 1980, e a partir da paixão e obsessão nutrida pela figura de Raul se aprofundou por caminhos e temas que fazem parte de seu universo, sobretudo o ocultista e escritor britânico Aleister Crowley e sua obra, como *O livro da lei*, no qual apresenta a chamada "Lei de Thelema", cujo preceito fundamental diz "Faze o que tu queres, há de ser tudo da lei". O próprio Jairo explica, em trecho de uma palestra que proferiu sobre as ideias do mago inglês:

> Meu interesse pela figura de Crowley começou a partir da morte do genial compositor e cantor Raul Seixas em 1989, quando li um livrinho do Sylvio Passos, *Raul Seixas por Ele Mesmo* (Ed. Martin Claret, 1990). Descobri que Crowley era o grande guru do Raul e saí desesperado em busca de algum livro do mago e não achava em lugar nenhum - fui a todas as bibliotecas públicas, sem resultado. Sabia que a editora Martins Fontes havia publicado o célebre *O Livro da Lei* (1904) em 1977, e fui lá. Falei com meio mundo e todos despistaram. Procurei então o poeta e xamã Roberto Piva, que conhecia algo do Crowley e até me contou algumas de suas proezas paranormais. O caminho estava aberto. Comecei lendo *The Great Beast - The Life and Magick of Aleister Crowley* (Macdonald & Co Ltd, 1971, Inglaterra). Eu andava durango kid por causa do Plano Collor e tive tempo pra mergulhar de cabeça na magia que iria me tirar do buraco.[98]

Com muitos efeitos na imagem, intervenções possibilitadas pela plataforma do vídeo e utilizadas durante boa parte do curta,

---

98 Trecho de palestra de Jairo Ferreira, já no fim dos anos 1990.

como solarização e o uso de filtros de diversas cores, o filme intercala segmentos musicais, espécies de videoclipes com músicas inteiras de Raul Seixas, misturados com trechos de depoimentos e conversas.

Nestes clipes, o primeiro com a música *A Lei*,[99] na qual Raul Seixas musicou trechos escritos por Aleister Crowley, vemos diversas imagens referentes a Raul, como fotos, capas de discos, a chave da sociedade alternativa; imagens de Crowley, seus livros, escrituras; discos voadores, cartas de tarô e diversos outros símbolos que remetem ao universo místico e do ocultismo.

Em outra sequência, Costa Senna profere o "Decálogo do Raulseixismo", de sua autoria. Vemos então cenas internas em um carro, que percorre pela estrada. No banco de trás, Toninho Buda encarna Raul Seixas, ao lado de Sylvio Passos. Paulo Sacramento está ao volante, e Jairo, do banco do passageiro, grava as imagens. Entre conversas descontraídas, surge à frente outro automóvel, cuja placa traz o nº 666, fato que intriga a turma mística e gera brincadeiras.

Entre outros clipes, com as canções *A verdade sobre a nostalgia*[100] e *Geração da Luz*,[101] vemos mais imagens de discos voadores, a experimentação de efeitos/intervenções videográficas com intensidade, além de letras de músicas de Raul Seixas surgindo na tela.

Ao final, o personagem Toninho Buda/Raul Seixas, vestido com uma túnica, perambula pelo centro da cidade de São Paulo, pelo vale do Anhangabaú, registrado pela câmera VHS giratória e delirante de Jairo Ferreira. O filme, dedicado aos paradigmáticos e

---

99 Faixa do álbum *A Pedra do Gênesis*, de 1988.
100 Do álbum *Novo Aeon*, 1975.
101 Do disco *Metrô Linha 743*, 1984.

experimentais Jonas Mekas e Kenneth Anger,[102] acabou na época embargado pela família de Raul Seixas, por questões de direitos autorais.

---

102 Kenneth Anger é também seguidor do ocultista Aleister Crowley, influência nítida em alguns de seus filmes, como *Lucifer Rising* (1972).

capítulo IV

Cinema de Invenção

O livro *Cinema de Invenção*,¹ a obra mais conhecida e aventada de Jairo Ferreira, através da qual o autor geralmente é lembrado, foi publicado pela primeira vez em fevereiro de 1986. No livro Jairo aborda a obra de cineastas brasileiros considerados experimentais, sobretudo os que constituíram o chamado Cinema Marginal, cujo principal período, segundo o autor, seria compreendido entre os anos de 1967 e 1971.

Jairo Ferreira vinha preparando o livro desde 1977, uma espécie de inventário de seu atrelamento afetivo, artístico e profissional com este cinema, o qual acompanhou em seu trabalho como crítico desde o surgimento, além da participação ativa na produção de inúmeros filmes e da convivência ao longo de anos no ambiente e nas rodas cinematográficas da Boca do Lixo. O projeto do livro, inicialmente intitulado "O Experimental no

---

1   Abordaremos aqui, sobretudo, a primeira edição do livro; Ed. Max Limonad/ Embrafilme, 1986.

Cinema Brasileiro",[2] passou por diversos outros "pré-títulos",[3] e comumente era mencionado pelo autor nos artigos que escrevia, ao longo de seus nove anos de gestação.

> Considero-me um horrólogo. Estou escrevendo um livro, "Signos em Transformação", com revelações inéditas sobre esse cineasta (*Jairo se refere a Mojica*) e sobre 40 outros do "underground" brasileiro, com material acumulado durante 15 anos de convivência com essa canalha.[4]
> O projeto original era um livro de 400 ou 500 páginas, é por isso que eu demorei tanto para preparar. Comecei em 77 e ele só foi publicado em 86. Como eu não encontrava editora para publicar um livro tão volumoso eu tive que fazer uma versão de 300 páginas.[5]

Na verdade, *Cinema de Invenção* já se encontrava concluído desde o início dos anos 1980, mas aguardava por editora. A publicação do livro só foi possível após o lançamento, no final de 1985, da revista *Framework* (nº 28, *Brazil – Post Cinema Novo: Special Issue*). O conceituado periódico inglês[6] de estudos de cinema, em edição especial sobre o cinema brasileiro pós-Cinema Novo, contou com nada menos que cinco textos de Jairo Ferreira, capítulos[7] de seu livro vertidos para a língua inglesa, entre textos de Robert Stam e

---

2 Conforme Jairo Ferreira relata a Arthur Autran e Paulo Sacramento, em entrevista publicada na revista *Paupéria*, em 1991.

3 Em texto panorâmico sobre o ciclo marginal publicado no jornal *Lampião da Esquina*, em 1978, intitulado *Udigrudi: Os marginais do cinemão brasileiro*, Jairo se refere ao livro que está preparando como "*Udigrudi Papers*".

4 "Paraíso do cinema erótico" in *Fiesta Cinema*. São Paulo: 02/1979.

5 Entrevista concedida a Arthur Autran e Paulo Sacramento, 1991.

6 Hoje em dia *Framework* ainda é editada, mas nos EUA.

7 Capítulos sobre Candeias, Mojica, Callegaro, Reichenbach e Bressane.

Jean-Claude Bernardet, entre outros. Apenas a partir daí, a Embrafilme, órgão no qual Jairo Ferreira trabalhava como assessor de imprensa, ajudou a viabilizar a publicação do livro.

*

Cinema de Invenção passa longe de ser uma obra acadêmica, teórica ou um estudo aprofundado sobre os cineastas e filmes que aborda. Escrito por alguém que participou, integrou aquela cinematografia/movimento, o livro caracteriza-se como uma análise de dentro para fora do ciclo do Cinema Marginal.

Assinala-se, ainda, como um trabalho de perspectiva pioneira. Nos dias de hoje muito já se falou e escreveu sobre esse "outro" cinema brasileiro – o experimental, marginal ou "de invenção" – mas, naquela época, muito pouco havia se publicado sobre tal assunto. Analisando-se uma "Bibliografia Comentada do Cinema Marginal",[8] levantamento realizado por Arthur Autran, constata-se que *Cinema de Invenção* foi o primeiro livro completo publicado sobre esta cinematografia, até aquele momento de certa maneira suprimida pela história oficial do cinema brasileiro.

Em se tratando de Jairo Ferreira, podemos aferir que *Cinema de Invenção* é um livro que discute o cinema experimental de forma também experimental, isto é, utiliza-se de escrita e abordagem igualmente experimentais.

Lançando mão de uma estética de colagem, Jairo Ferreira mistura no texto do livro memórias, artigos e críticas já publicadas – por ele mesmo ou por outros autores, cartas, anotações; numa escrita apaixonada, pessoal e por vezes poética, como cotejou o poeta e escritor Cláudio Willer, que prefaciou a obra:

---

[8] "Bibliografia comentada do Cinema Marginal" in *Cinema Marginal do Brasil e sua fronteiras*. São Paulo: CCBB, 2003.

O texto de Jairo Ferreira em diversos momentos está mais próximo da poesia que do ensaio. É o modo de escrever de um realizador cinematográfico: soma de fragmentos, estética da colagem, mais impressionista que discursivo, montagem de anotações, cartas, artigos já publicado e um longo diálogo com os autores estudados. Trata-se do estilo mais coerente com o propósito do livro: falar de obras cinematográficas e também de seus realizadores; mostrar como, por trás desses filmes há uma aventura, um tipo todo especial de engajamento, de pessoas que acreditaram numa utopia e a viveram intensamente.

Como já abordado nesse livro Jairo Ferreira, desde meados dos anos 1960, tinha o hábito de arquivar escritos e críticas, recortes de jornais sobre os filmes e cineastas brasileiros que o interessavam, bem como roteiros e outros documentos que recebia de cineastas. Esse arquivo, ao longo dos anos, foi se avolumando e adquirindo proporções consideráveis. Era o seu acervo pessoal sobre o cinema experimental brasileiro, meticulosamente organizado em pastas com materiais sobre cada realizador e seus filmes.

Em vídeo gravado durante a entrevista realizada por Arthur Autran e Paulo Sacramento, em 1991, para a revista *Paupéria*, Jairo Ferreira exibe parte de suas relíquias aos olhares atentos dos entrevistadores. É um momento após a entrevista propriamente dita, no qual conversam com descontração; mostrando seu arquivo, Jairo diz: "Sintetizei tudo no livro, no *Cinema de Invenção*, o essencial está lá".

Em artigo sobre *Cinema de Invenção* escrito para a *Folha de S. Paulo*, quando do lançamento do livro, intitulado *Testemunho de uma outra cinematografia brasileira*, Fernão Ramos, que no ano seguinte publicaria *Cinema Marginal (1968/1973), a representação em seu limite,*[9] estudo de viés acadêmico sobre o tema, aborda o método de Jairo Ferreira na elaboração do livro:

> Jairo Ferreira participou de vários destes filmes feitos entre 1968 e 1971 e tendo um fraco por colecionar papéis velhos acabou construindo um importante arquivo para compreensão do cinema e da cultura brasileira em geral. O livro é elaborado em cima deste arquivo, com constantes citações de entrevistas e artigos, desta e outras épocas, entrando sempre no horizonte, como parâmetro, o termo "invenção".[10]

De certa forma, pode-se traçar um paralelo entre os métodos utilizados por Jairo Ferreira na concepção do livro e na feitura de seus filmes, levando-se em conta a estética de colagem. Se em seus filmes, sobretudo em *O Vampiro da Cinemateca*, Jairo se apropriava, "chupava" imagens e sons de outros filmes, no livro *Cinema de Invenção* o autor literalmente se apropria de trechos escritos anteriormente por outros autores, dentro da mesma perspectiva de "síntese" que norteou a concepção de seus filmes.

Se em seus filmes o ato de "chupar" outros filmes nunca rendeu problemas de ordem autoral, pelo fato do Super-8, em âmbito geral, sempre ter sido considerado uma bitola amadora, no caso do livro a apropriação de textos gerou alguns contratempos. De fato por vezes é intricado distinguir, no corpo do texto, o que foi escrito por Jairo Ferreira e o que foi chupado de outros autores. Nesse sentido, podemos aferir que é uma maneira de apropriação similar

---

9   RAMOS, Fernão. *Cinema Marginal (1968/1973): a representação em seu limite*. São Paulo: Brasiliense, 1987.
10 Publicado em 23/02/1986.

ao que, muitas vezes, ocorre em seus filmes. Tanto em seus filmes como em sua escrita, esta assimilação antropofágica faz parte de seu projeto, de sua perspectiva estética.

Nesse aspecto, Jairo Ferreira se apropriava de trechos de textos alheios sem o uso de aspas, mas mencionando o autor – bem como o veículo e data na qual o texto fora publicado originalmente – de outras formas, como entre parênteses, no decorrer do próprio texto. Durante o vídeo da entrevista já citada, o próprio autor explica melhor este aspecto da concepção de *Cinema de Invenção*, se referindo a Rogério Sganzerla:

> Ele queria me processar pelo capítulo do Mojica Marins. O editor me disse: "O Rogério está falando que vai te processar por que você usou o texto dele na íntegra e não deu crédito". De fato o texto que abre o capítulo é do Sganzerla, tem duas páginas e meia, chupei direto. [...]
> Como todo mundo chupa todo mundo, então eu não tenho que botar aspas coisa nenhuma, eu dou o crédito de uma outra forma. Se me processasse não iria ganhar, por que eu provaria que dei o crédito de uma forma moderna, pós-moderna; está citado entre parênteses, no corpo do texto; aspas é um recurso acadêmico.

Outro paralelo possível entre seus filmes e seu livro, no que tange a abordagem de viés pessoal na concepção fílmica e escrita, é a exposição de cartas enviadas e recebidas de amigos. Se em *O Insigne Ficante* Jairo leu longos trechos de sua correspondência com Inácio Araújo, em *Cinema de Invenção* desvenda seus prolixos diálogos postais com o cineasta carioca Luiz Rosemberg Filho, também seu grande amigo.

*

A inspiração para o título de *Cinema de Invenção* deriva, obviamente, das teorias críticas de Ezra Pound em seu *ABC da Literatura*, já discutidas neste trabalho. Mais precisamente, de sua classificação de escritores, na qual "inventores", a categoria mais "nobre" de autores, são "homens que descobriram um novo processo, ou cuja obra nos dá o primeiro exemplo conhecido de um processo". Transposto para o âmbito do cinema, o conceito de "invenção" surge como uma alternativa a termos vistos como desgastados pelo autor na época, tais como "experimental" e "vanguarda", ou mesmo para "marginal", alcunha que nunca agradou os integrantes de tal cinematografia.

Acerca da "invenção" do título do livro destaca-se, ainda, a já referida influência dos poetas concretos exercida sobre o universo de Jairo Ferreira. Refiro-me aqui à revista *Invenção* (1962 – 1967), editada pelo grupo Noigrandes – Augusto e Haroldo de Campos e Décio Pignatari –, criada após o fim da primeira publicação porta-voz da Poesia Concreta, a revista *Noigrandes* (1952 – 1962). Na capa de sua própria revista independente, a *Metacinema* (1974), Jairo reproduz o modelo do poema-carimbo criado por Décio Pignatari para capa da revista *Invenção*,[11] trocando o emblema "Invenção" por "Metacinema".

---

11 "A capa retangular (sentido vertical), sempre com a mesma marca, em preto sobre fundo colorido, de poema-carimbo (autoria de Décio Pignatari) com o nome INVENÇÃO, que aparece claramente ao alto e repetido em superposições, muitas vezes (com os ruídos inerentes ao processo), configura-se uma espécie de caos, porém permitindo a identificação de partes da palavra-nome-emblema da publicação: isto reforça a ideia de que do caos nasce a ordem: de um mar de redundância, brota o signo-novo." KHOURI, Omar. *Noigrandes e Invenção, revistas porta-vozes da Poesia Concreta* in *Revista FACOM nº16*. São Paulo: 2º semestre de 2006.

Embora a expressão cinema de invenção já houvesse sido utilizada por Rogério Sganzerla em seu período como crítico durante os anos 1960,[12] bem como por Torquato Neto em sua coluna *Geleia Geral* (1971 – 1972) no jornal carioca *Última Hora*, é fato que o termo, no âmbito do cinema, se difundiu como conceito após a publicação do livro de Jairo Ferreira, enquanto alternativa para as denominações mais desgastadas.

*

A intenção inicial do livro *Cinema de Invenção*, segundo o próprio Jairo Ferreira, não seria abordar apenas os representantes do chamado Cinema Marginal, mas os cineastas considerados experimentais, segundo a visão do autor, ao longo da história do cinema brasileiro:

> O livro pretendia acompanhar cronologicamente a evolução do experimental no cinema brasileiro. Alguns cineastas continuam até hoje fazendo filmes, mas isso não faz parte do cinema experimental como movimento. [...]
> Ao mesmo tempo, ao fazer um levantamento do Cinema Marginal eu acabei fazendo um levantamento do cinema brasileiro. Marginal é o nome dado pelo pessoal da Boca do Lixo, mas experimental é um nome que resiste mais ao tempo. *Limite* é um filme experimental, no entanto não é da Boca do Lixo. O cinema experimental começou antes com *Tesouro Perdido*, do Humberto Mauro, se é que não começou antes com os filmes do início do século que já se perderam. Aí eu fui fazendo um levantamento de todos os ciclos do

---

12 Sganzerla colaborou com *O Estado de S. Paulo*, *Jornal da Tarde* e *Folha da tarde*, entre os anos de 1964 e 1968.

cinema brasileiro até chegar ao ciclo experimental, que é a síntese. [...]
Com o Cinema Novo o cinema brasileiro começou a tomar consciência da sua própria evolução. O Cinema Marginal é filho do Cinema Novo, ou melhor, irmão. Só que houve uma briga, uma ruptura, porque o Cinema Novo estacionou numa coisa política enquanto o Cinema Marginal continuou revolucionando não só na forma como nas ideias.[13]

Para a concepção e triagem desta sua síntese do que de mais experimental se produziu na história do cinema brasileiro, Jairo Ferreira se pautou nos preceitos poudianos de "seleção" e "paideuma". Segundo Pound, uma das funções básicas da crítica é a seleção, que delineia como:

> A ordenação geral e a mondadura do que está sendo realizado; a eliminação de repetições; o estabelecimento do *paideuma*, ou seja: a ordenação do conhecimento de modo que o próximo homem (ou geração) possa achar, o mais rapidamente possível, a parte viva dele, e gastar o mínimo de tempo com itens obsoletos.[14]

Baseado neste conceito do *paideuma* de Pound, Jairo Ferreira estrutura *Cinema de Invenção* como uma espécie de manual de consulta. Cria a ideia de "sintonias", que uniriam os cineastas escolhidos para compor o livro. Estas diversas sintonias – existencial, intergalaxial, visionária e experimental – dividem o livro em quatro

---

13 Jairo Ferreira, em entrevista concedida a Arthur Autran e Paulo Sacramento, 1991.
14 Fragmento de *O ABC da Literatura* (1931), de Ezra Pound.

capítulos, por sua vez divididos em subcapítulos, que tratam cada qual de um cineasta e seus filmes.

O autor não elucida de forma nítida o significado de tais sintonias, que seriam definidas como algo abstrato que une os realizadores tratados no livro, autores de um cinema experimental que não se constitui como um movimento propriamente dito (como no caso do Cinema Novo, com um ideólogo, Glauber Rocha), mas como um anseio que sempre existiu no cinema brasileiro e que, segundo o autor, eclodiu fortemente entre os anos de 1967 e 1971; Jairo Ferreira sempre toma como baliza para o início do ciclo experimental *A Margem*, de Ozualdo Candeias, filme que teria "inaugurado o experimental no cinema Boca do Lixo". Mas o auge, o filme-marco deste ciclo seria mesmo *O Bandido da Luz Vermelha* (1968), de Rogério Sganzerla.

Acerca destas questões, transcrevo um trecho do texto panorâmico intitulado *O Cinema Brasileiro*, escrito por Jairo Ferreira para o obra de caráter introdutório *Nós e o cinema*, traduzida do original italiano pelo crítico J.C. Ismael e editada pela *Melhoramentos*, em 1980:

> Crítico e cineasta, escrevi um livro[15] sobre o movimento cinematográfico que surgiu em 1967 contra o Cinema Novo, indo sistematicamente até 1971 e, esporadicamente, até os dias atuais. Não se trata de um movimento, mas sim de uma movimentação, que chamo de cinema experimental. Começou em 1967 em São Paulo e ficou conhecido também como Cinema Boca do Lixo. Eis um trecho do livro:

---

15   Numa nota de rodapé, Jairo se refere ao livro, ainda inédito, como "Signos em Transformação – Um lance de olhos jamais abolirá o experimental no Cinema Brasileiro. No Prelo".

> "A rigor, a Boca do Lixo não era uma bandeira contra o Cinema Novo, ciclo imediatamente anterior da produção independente brasileira. O filme que iniciou o Cinema Novo – *Os Cafajestes* – é tão experimental quanto o que abriu a Boca do Lixo: *A Margem* (1967), de Ozualdo Candeias. O Cinema Novo tinha relações dialéticas com o Brasil dos presidentes Jânio Quadros e João Goulart, enquanto o experimental seria o avesso do Brasil durante os governos de Castelo Branco, Costa e Silva e Garrastazu Médici".

Neste mesmo texto, no qual perfaz um compêndio de toda a história do cinema brasileiro, Jairo Ferreira prossegue, narrando a maneira como se deu o rompimento entre o Cinema Marginal e o Cinema Novo, considerado por Rogério Sganzerla – e posteriormente por outros – "um movimento paternalista, elitista e reacionário", e rematando que:

> O ciclo experimental é o mais rico de todo o cinema brasileiro por possuir uma teoria aberta, ventilada e sempre nova, reconhecendo que o experimental sempre existiu no Brasil, desde o primeiro filme aqui rodado, abrangendo todos os movimentos que se sucederam. Não faltaram sintonias na Bahia, no Amazonas, [...].[16]

Desta forma, o paradigma das sintonias agregariam em *Cinema de Invenção* cineastas de diversas partes do Brasil, que nem sempre se conheciam, ou mesmo sabiam da existência dos filmes uns dos outros, até pelos rumos de clandestinidade que muitas

---

16 ISMAEL, J.C. (trad.). "O Cinema Brasileiro in Nós e o cinema". São Paulo: Melhoramentos, 1980.

destas obras tomaram nos períodos mais rígidos da censura durante os anos pós AI-5.

Embora nos dias de hoje soe bastante comum agrupar sob o rótulo de Cinema Marginal cineastas tão subterrâneos e distantes entre si, na acepção total da expressão, quanto Sylvio Lanna (Minas Gerais), André Luiz Oliveira (Bahia) ou Júlio Calasso Jr. (São Paulo), podemos aferir que, como frisou Fernão Ramos em crítica escrita quando do lançamento do livro para a *Folha*, "com um trabalho de formiga e uma paciência de tartaruga, Jairo Ferreira foi aos poucos juntando os cacos desta produção que a época ingrata (começo dos anos 70) se encarregou de dispersar".

Podemos avaliar, ainda, que a ideia de "sintonia" se rege por certa noção de "companheirismo", reminiscência que sempre se manteve viva na obra de Jairo Ferreira, por exemplo, em filmes como *O guru e os guris* e *Horror Palace Hotel*, bem como em vários artigos e críticas que escreveu ao longo dos anos.

Há também a questão de – enquanto porta voz de um cinema experimental de certa forma relegado ao esquecimento pela história oficial, pelo mercado, pelo *status quo* imperante no cinema e na cultura brasileira de maneira geral – agir como uma espécie de divulgador e defensor desta cinematografia, de alguém que numa postura apaixonada luta para manter a chama deste cinema acesa, tarefa que tomou para si desde o final dos anos 1960.

A partir daí, tomando como alicerce este alinhamento a um grupo/vertente, mesmo que nada coeso, e tudo mais o que isto implica (sobretudo a hoje mais do que batida dissidência e querela histórica entre o Cinema Novo e o Cinema Marginal), Jairo Ferreira concretiza sua síntese do que – partindo de seu próprio juízo pessoal – de mais experimental existe ao longo da história do cinema no país.

Neste sentido, destacamos algumas das repercussões da época do lançamento de *Cinema de Invenção* na mídia especializada, após os nove anos de gestação do livro. A partir de diversas críticas e resenhas que trataram da publicação,[17] constatamos que a recepção do livro de Jairo Ferreira suscitou apreciações bastante positivas à obra e seu espírito, sendo saudado pelos colegas de imprensa em caráter quase unânime.[18] Seguem abaixo trechos de um artigo de Luiz Nazário, "Estética recomposta", publicado na revista *Istoé*, em 19/02/1986:

> Finalmente, depois de nove anos de gestação, sai à luz *Cinema de Invenção* – o melhor inventário do cinema experimental brasileiro, composto de forma igualmente experimental por Jairo Ferreira – o crítico mais atento ao que se produziu e se produz fora e além do pacato circuito comercial. Jairo Ferreira tornou-se, legitimamente, o grande conhecedor do *underground* brasileiro: seu livro representa para nós o que representou o *Diário de um cineasta*,[19] do lituano Jonas Mekas, para a crítica dos Estados Unidos.[20]

---

17   Cedidas para este trabalho por Júlio Calasso Jr.

18   Dentre inúmeras críticas consultadas, o único artigo com ressalvas ao livro foi mesmo o de Fernão Ramos, já citado neste capítulo, segundo quem, "Caberia talvez ao autor polir um pouco mais o que quer designar com o termo invenção. A excessiva abrangência que é dada à palavra faz com que esta às vezes se confunda com o leque determinado pelos amigos do crítico Jairo Ferreira. A lista dos "inventivos", talvez um pouco grande, acaba por fazer com que a necessidade de experimentação pregada pelo crítico apareça diluída". *Folha de S. Paulo*, 23/02/1986.

19   Luiz Nazário deve estar se referindo ao seminal *Movie Journal: The Rise of a New American Cinema* (1972).

20   Estética recomposta; o crítico Jairo Ferreira investiga os subterrâneos do cinema experimental brasileiro.

Entre outras resenhas do livro destaca-se, ainda, o artigo do crítico J. C. Ismael, publicado no caderno *Cultura* do jornal *O Estado de S. Paulo*, no qual constatou que:

> Quem conhece Jairo Ferreira não duvida que a primeira palavra que ele pronunciou foi cinema; a segunda, vanguarda; e a terceira, rebeldia. De lá para cá a paixão obsessiva que ele sente por esse trinômio só aumentou, o que explica o fato de não ter o menor interesse por tudo (o cinema principalmente) que não seja experimental, palavra que para ele melhor define a síntese entre vanguarda e rebeldia. [...]
> O estilo com que este *Cinema de Invenção* foi escrito tem uma ferocidade confessional que só poderá apreciar quem viveu (ou quem puder entender) o espírito daquele tempo.[21]

*

Jairo Ferreira inicia o seu livro *Cinema de Invenção* com breves textos introdutórios. Abrindo o primeiro capítulo, intitulado "O que é o experimental; Projeto estético", espécie de explanação do conteúdo do livro, há um pequeno compêndio da história do cinema experimental ao redor do mundo desde os primórdios do cinema, identificando os principais movimentos e autores; num segundo texto, "Retaguarda da vanguarda", um apanhado de diversas acepções acerca do cinema por autores paradigmáticos, tais como Orson Welles, Jean Renoir, Abel Gance; no subcapítulo que se segue, "Terremoto clandestino", um epílogo sobre o experimental no nosso cinema, o surgimento do Cinema Marginal/Boca do Lixo/Belair, recheado pelas memórias do autor; num

---

21 "Cinema de Invenção" in *O Estado de S. Paulo*, 05/07/1986.

último texto introdutório, Jairo Ferreira aborda as ideias de "paideuma" e "invenção, propostas por Pound, citando quase na íntegra o prefácio de Augusto de Campos para o livro *ABC da Literatura*,[22] ratificando que "a didática poundiana continua insuperável, esclarecedora e reveladora. [...] neste sentido, os preceitos de Ezra Pound passam a ser um '*manual do autor experimental*' em nosso cinema. Basta entender cinema onde Pound escreve literatura e/ou poesia".

Após estas introduções seguem-se, divididos entre os capítulos – cada qual nomeado pelas já citadas sintonias –, os subcapítulos que abordam cada um dos cineastas "inventores", ao todo dezoito, aqui dispostos na mesma ordem em que surgem no livro; no capítulo "Sintonia Existencial": Ozualdo Candeias, Rogério Sganzerla, Carlos Reichenbach, José Mojica Marins, Carlos Ebert, Júlio Calasso Jr., João Callegaro, João Silvério Trevisan, Jairo Ferreira[23]/São Paulo Shimbun; em "Sintonia Intergalaxial": Glauber Rocha, José Agrippino de Paula, José Celso Martinez Correa, Luiz Rosemberg Filho; em "Sintonia Visionária": Júlio Bressane, Walter Hugo Khouri, Ivan Cardoso, Andrea Tonacci, Mário Peixoto. O título de cada um destes subcapítulos é seguido de uma descrição sintética do autor tratado, como "Ozualdo Candeias, marginal entre os marginais", ou "Luiz Rosemberg Filho, transfiguração poética."[24]

---

22 Como já havia citado durante o filme *O Insigne Ficante*.

23 O capítulo "Jairo Ferreira, síntese-ideogrâmica" é uma seleção de fragmentos de suas críticas para o *São Paulo Shimbun*.

24 Todos os capítulos e subcapítulos são iniciados com epígrafes, aforismos de autores diversos como Epstein, Ginsberg, Lautréamont, Rimbaud, Artaud, Godard, Balazs, Poe, Mekas, Bazin. Sobressai-se uma das epígrafes mais representativas, presente ainda na contracapa, de Orson Welles: "Procuro sempre a síntese: é um trabalho que me apaixona, pois devo ser sincero para com aquilo que sou, e não passo de um experimentador. A meus olhos, o único valor consiste em não ditar leis, mas ser um experimentador, experimentar é a única coisa que me entusiasma".

Concluindo o livro, o capítulo "Sintonia Experimental", constituído por mais um texto que debate o "experimental", uma filmografia e o posfácio – um poema em prosa de Roberto Piva. Há ainda, entre os capítulos, três galerias que citam brevemente vários outros cineastas. A primeira menciona os autores que, segundo Jairo Ferreira, "jogam nos dois times", isto é, possuem tanto filmes experimentais quanto "standard", entre esses Walter Lima Jr. e Neville d'Almeida. Nas duas outras galerias que se seguem, cineastas de períodos distintos nos quais identifica "talento", tais como Luís Sérgio Person, Jean Garrett e Wilson Barros.

*

Considerando-se os capítulos e cineastas aqui descritos, fica claro que a abordagem de Jairo Ferreira em *Cinema de Invenção* não se restringe somente ao Cinema Marginal. Muito embora a maioria dos autores tratados sejam vinculados a tal movimento (ou movimentação, nas palavras do autor), a obra aborda alguns realizadores que nunca estiveram atrelados à tal tendência.

Desta maneira, certos inventores surgem vinculados ao experimental em diferentes abordagens; Mário Peixoto é tido como um grande precursor, através de seu seminal *Limite* (1931); Walter Hugo Khouri aponta como tendência alternativa à "ditadura ideológica e estética do Cinema Novo"; Glauber Rocha[25] surge em controvérsia com o *udigrudi*, bem como em sintonia através de seu filme *Câncer* (1968/1972).

---

25 Quando crítico da *Folha* no final dos anos 1970, Jairo contesta uma declaração de Glauber, de que teria sido precursor do experimental/*udigrudi* com *Câncer*, rodado em 1968, meses antes de *O Bandido*, de Sganzerla. Jairo envia uma carta a Glauber, por quem possuía profunda admiração, alegando que o experimental surgiu em 1967 com *A Margem*, de Candeias, na Boca. Glauber, já doente, envia uma carta resposta a Jairo, que pede para não ser publicada. É essa correspondência que o autor expõe no livro, já após a morte de Glauber, em abordagem um tanto visceral do assunto.

É fato que cada capítulo/cineasta tratado no livro é abordado através de um olhar singular, muitas vezes fruto da relação pessoal entre o autor e o realizador em questão. E como praticamente todos os cineastas discutidos conviveram com Jairo Ferreira, em maior ou menor grau, cada enfoque acaba por ser único.

Sintetizando o espírito de tais abordagens de Jairo Ferreira em *Cinema de Invenção*, reproduzimos fragmentos do poeta Cláudio Willer em seu sensato prefácio para a obra:

> Há no livro um percurso que abrange desde Glauber e outros nomes consagrados – Khouri, Zé do Caixão – até os quase desconhecidos ou vistos apenas por iniciados, como Ebert, Calasso, Trevisan e Agrippino de Paula. [...] mas os capítulos onde mais transparece a paixão e a cumplicidade são aqueles sobre os autores mais malditos e as obras mais transgressoras. [...]
> Jairo Ferreira vê o cinema como poeta e o descreve como arte onde o poético se realiza e se manifesta na sua plenitude. Sua carreira como crítico e realizador é marcada pela sintonia com os *malditos*, não só do cinema como da literatura (basta ver as referências e citações de seu *O Vampiro da Cinemateca*), com os hiper-românticos e ultra-vanguardistas. Daí sua seleção de obras e autores, privilegiando o que desafia as normas e convenções.

*

Adjacente ao lançamento da primeira edição do livro Jairo Ferreira organiza no MIS,[26] em São Paulo, a *Amostra Cinema de Invenção*, com um apanhando de alguns destes filmes, muitos tão pou-

---
26 Museu da Imagem e Som.

co vistos até os dias de hoje. Posteriormente, com o apoio de Júlio Calasso Jr. na produção, percorrem diversas cidades do estado com a *Amostra*, como Santos, São Carlos, Araraquara, Rio Claro, entre outras; sempre levando os filmes e debatendo diretamente com o público. Além de longas raros, tais como *A$suntina das Amérikas* (1976, de Luiz Rosemberg Filho) e *Aopção ou as rosas da estrada* (1982, de Ozualdo Candeias), exibem ainda curtas-metragens, de jovens cineastas na época, como *Poema: cidade* (1986), de Tata Amaral e Francisco César Filho, considerados pelo autor em sintonia com o experimental.

A primeira edição de *Cinema de Invenção* logo se esgota e se torna rara; a espera para publicação da segunda edição, revista e ampliada, é longa: quatorze anos. Finalmente é publicada no ano de 2000, pela editora Limiar. Pode-se considerar esta nova edição como praticamente um outro livro, com diversos acréscimos de conteúdo em capítulos, sobretudo narrando a continuidade na carreira dos cineasta tratados, ao longo do hiato entre as edições. Jairo elimina o capítulo de Walter Hugo Khouri,[27] e acrescenta quatro novos capítulos e "inventores" ao volume: Neville d'Almeida, André Luiz Oliveira, Elyseu Visconti e Sylvio Lanna.[28]

Atualmente, 2015, *Cinema de Invenção* se encontra há anos esgotado e fora de catálogo, convertido, novamente, em peça rara. Uma nova edição, agregando material extra que ficou de fora das duas primeiras, deve por fim ser publicada em breve.

---

27 Enquanto crítico, o autor sempre manteve relação ambígua, por vezes de amor e ódio, com os filmes de Khouri.

28 Tais capítulos já estavam pontos desde os anos 1980, quando foram publicados como artigos no jornal *Cine Imaginário*. Jairo escreveu, ainda, capítulos sobre cineastas como Geraldo Veloso, Caetano Veloso, Aron Feldman, que acabaram novamente ficando de fora do livro.

Jairo Ferreira, música da luz

Chegamos aqui ao final deste trajeto. Esperamos ter alcançado os objetivos propostos, de empreender um primeiro estudo panorâmico dos principais momentos e obras da longa trajetória cinematográfica de Jairo Ferreira, tanto como cinepoeta e realizador, como enquanto crítico e escritor de cinema.

Outras pesquisas sobre a obra deste tão singular personagem da história do cinema brasileiro estão sendo realizadas e com certeza, no futuro, diversas outras virão. Este livro não pretende – e enquanto um estudo mais abrangente não ambiciona chegar nem perto disso – esgotar as infinitas possibilidades de análise acerca deste universo tão vasto e intertextual do qual fazem parte os filmes e escritos do autor.

A relevância da obra de Jairo Ferreira ainda está por ser mais amplamente revista e resgatada, e aspiramos, de alguma forma, ter colaborado para que isto ocorra. A intenção primeira é tentar manter a chama desse cinema acesa; desta obra que nasceu, em primeiro lugar, do amor pelo cinema e de uma necessidade visceral de filmar e escrever, daí a atrelamento intrínseco entre o cinema e a vida: "cinevida", nas palavras de Jairo.

Não importa que tais filmes tenham sido feitos de forma totalmente artesanal e solitária, ou desvinculados do viés comercial e industrial a que o cinema ordinariamente muitas vezes se destina. É obvio que o interesse por filmes meramente comerciais se esvai rapidamente. E podemos avaliar que o cinema que fica, o que permanecerá vivo e intenso até daqui 100, 200 anos, ..., é o cinema concretizado com ímpeto, ousadia e alma, por autores e inventores que estão geralmente à frente de seu tempo, e que muitas vezes são vistos como malditos, transgressores ou rebeldes. E é desta estirpe de autores que Jairo Ferreira faz parte, por escolha própria, caminho que trilhou por opção e no qual se manteve fiel até o fim.

A obra de Jairo Ferreira está aí. E é fato que mais pessoas a conhecem e admiram hoje em dia do que há tempos atrás.

Para rematar, deixo aqui dois trechos de depoimentos expressivos sobre Jairo Ferreira e o espectro de sua arte e vida, testemunhos que tocam o cerne de sua cinevida, por pessoas ligadas ao seu universo, os cineastas – e amigos de Jairo – Paolo Gregori e Carlão Reichenbach.

> Jairo Ferreira sempre foi avesso a tudo que cheirava hipocrisia, marmelada, pobreza espiritual e mesquinhez. Numa sociedade mesquinha, pobre e hipócrita, seu fim já estava traçado.
> Desprezado por quase todos os pares, adorado por alguns velhos iconoclastas e venerado por um bando de jovens malucos (entre os quais eu me incluía, nos anos 90), sua trajetória foi reflexo de uma vida de gênios entre os medíocres.
> Estes últimos muitas vezes mandam no mundo e estão pouco se lixando para o que dele vai ser. Pois foi exatamente por saber disso que "o guru dos guris" viveu intensamente a possibilidade da Sociedade Paralela,

levando às últimas consequências sua crença por um individualismo quase stirneriano. [...]
Jairo Ferreira adotou o império do cinema, não por opção, e sim por vocação, acima de qualquer suspeita, para vivê-lo intensamente, com sua câmera Super-8, com sua sede pela Invenção, pelo Cinema Baudelaireano, pelo Paideuma Poundiano.[1]

O Jairo foi uma pessoa que fez da sua própria experiência existencial um fato poético. Uma pessoa muito especial. Conviver com o Jairo era ser tocado por isso. São poucos, pouquíssimos na face da terra, autores, não falo apenas de diretores de cinema – isso vale em literatura, pintura, dramaturgia etc. e tal – que tudo que fazem é antes de mais nada um estímulo à criação. Acho que tudo que o Jairo fez é um estímulo à criação. Conto nos dedos os diretores de cinema – Arthur Omar, Sganzerla,... – que tudo que fazem é como se te dessem uma injeção de criatividade, te disparassem um processo criativo que é essencial para qualquer criador. Existem os caras talentosos, o enganador, o diluidor, tem a mentira, o comerciante, tem de tudo; mas como ele são poucos, na verdade. A gente às vezes precisa de cineastas para outros cineastas. É como o escritor para o escritor, o cara que te faz perceber "puta, eu tô ficando pra trás". Esses caras estão à frente, num primeiro momento essas coisas não são percebidas, à primeira estância. Então acho que tudo que o Jairo fez, de uma certa forma, por escrito e filmado, os Super-8 dele, posso dizer que tudo que ele fez é um estímulo. São poucos cineastas, no mundo, que são estímulos

---

[1] Fragmento do texto "Uma estrela que zela por nós", de Paolo Gregori, constante no catálogo da *Mostra Jairo Ferreira: Cinema de Invenção*, 2012.

para outros cineastas. Dá para contar nos dedos. É um cinema que te dá um choque de modernidade, loucura, insanidade. O que o Jairo tinha de formidável, na verdade, é que ele era isso, ele injetava esse processo transgressivo na gente, nos criadores, nos pensadores de cinema, na crítica cinematográfica. Ele era esse ar de transgressivo, essa coisa necessária. Era um provocador, no bom sentido da palavra. Ele tinha essa coisa da provocação, estava permanentemente em transformação, era um estímulo realmente. Um estímulo para quem estava começando, para alguns cineastas jovens. Ele representou uma modificação de cabeça, ele cobrava isso, inclusive. Ele foi um grande provocador, mas provocador da criação. O trabalho que ele fazia em Super-8 e nos outros filmes era um estímulo, talvez uma das coisas mais estimulantes. Olha, eu vejo muito pouca coisa hoje com essa... sabe? Você via isso no Glauber, no Sganzerla da primeira fase, vejo isso no Arthur Omar. Mas é muito pouca gente, com toda sinceridade é muito pouca gente. Faltam, indiscutivelmente, faltam Jairos Ferreiras no cinema brasileiro.[2]

---

2   Carlos Reichenbach, em depoimento para este trabalho, cedido no dia 14/01/2012.

Bibliografia

ABREU, Nuno César. *Boca do Lixo: cinema e classes populares.* Campinas, SP: Editora Unicamp, 2006.

_____. *O olhar pornô: a representação do obsceno no cinema e no vídeo.* São Paulo: Mercado das Letras, 1996.

ADRIANO, Carlos. *Um cinema paramétrico-estrutural: existência e incidência no cinema brasileiro.* Dissertação de mestrado – ECA/USP, São Paulo, 2000.

_____. "Um guia para as vanguardas cinematográficas" in *Revista Trópico.* Disponível em: http://www.revistatropico.com.br/tropico/html/textos/1611,1.shl

_____. "Os quase-filmes de Oiticica" in *Revista Trópico.* Disponível em: http://p.php.uol.com.br/tropico/html/textos/1640,1.shl

ALMEIDA, Victor de. "Um livro e um cinema fundamental" in *O Estado de Minas.* Belo Horizonte, 27/04/1986.

AGRA, Lúcio. *Monstrutivismo.* São Paulo: Perspectiva, 2000.

AMÂNCIO, Tunico. *Artes e manhas da Embrafilme: cinema estatal brasileiro em sua época de ouro (1977-1981)*. Niterói: Ed. UFF, 2000.

ANDRADE, Oswald de. *A utopia antropofágica*. São Paulo: Globo, 1995.

_____. *Pau Brasil*. São Paulo: Globo, 2003.

ARAÚJO, Inácio. "Malditos cineastas inventivos" in *Folha de S. Paulo*. São Paulo, 01/09/1984.

ARRIGUCCI JR, Davi. "O Cavaleiro do Mundo Delirante" in PIVA, Roberto. *Paranoia*. São Paulo: Instituto Moreira Salles, 2009.

ARTAUD, Antonin. *Linguagem e vida*. São Paulo: Perspectiva, 2004.

AUMONT, Jacques; MARIE, Michel. *Dicionário teórico e crítico de cinema*. Campinas: Papirus, 2003.

AUTRAN, Arthur. *O pensamento industrial cinematográfico brasileiro*. Tese de Doutorado – IA/Unicamp, Campinas, 2004.

_____. "Sintonia Intergalaxial" in *Contracampo n° 57*. 2003. Disponível em: http://www.contracampo.com.br/57/frames.htm

BARCINSKI, André; FINOTTI, Ivan. *Maldito: a vida e o cinema de José Mojica Marins, o Zé do Caixão*. São Paulo: Editora 34, 1998.

BAZIN, André. *O cinema*. São Paulo: Editora Brasiliense, 1991.

_____. *Orson Welles*. Rio de Janeiro: Jorge Zahar, 2006.

BERNARDET, Jean-Claude. *Trajetória Crítica*. São Paulo: Editora Polis, 1978.

_____. *Cinema Brasileiro: propostas para uma história*. Rio de Janeiro: Paz e Terra, 1979.

_____. *Historiografia clássica do cinema brasileiro: metodologia e pedagogia*. São Paulo: Annablume, 1995.

_____. *O Voo dos Anjos: Bressane, Sganzerla. Estudo sobre a criação cinematográfica*. São Paulo: Brasiliense,1990.

BRESSANE, Júlio. *Alguns*. Rio de Janeiro: Imago, 1996.

_____. *Fotodrama*. Rio de Janeiro: Imago, 2005.

BUDA, Toninho. *Jairo Ferreira – um louco notável*. 2003. Disponível em: http://www.toninhobuda.com/cinema.htm

CAETANO, Mario do Rosário. "O verbo e a imagem" in *Correio Braziliense*, 03/01/1986.

CALASSO JR., Júlio. *Cinema de Invenção/o evento; Apresentação*. São Paulo: 1986.

CAMPOS, Augusto de. *Poesia antipoesia antropofagia*. São Paulo: Cortez e Moraes, 1978.

_____. "Ecos do Inferno de Wall Street" in *Folha de S. Paulo*. São Paulo, 21/04/2002.

_____. CAMPOS, Haroldo de; ANDRADE, Joaquim de Souza. *Revisão de Sousândrade*. São Paulo: Perspectiva, 2002.

_____. _____. PIGNATARI, Décio. *Teoria da poesia concreta: textos críticos e manifestos 1950-1960*. São Paulo: Ateliê Editorial, 2006.

CANDEIAS, Ozualdo. "Boca do Lixo" in *Filme Cultura*. Rio de Janeiro: Embrafilme, nº 37, 1981.

_____. *Mostra Ozualdo Candeias*. São Paulo: CCBB, 2002.

CÁNEPA, Laura. *Medo de quê? – uma história do horror nos filmes brasileiros*. Tese de Doutorado – IA/Unicamp, Campinas, 2008.

CANUTO, Roberta (org.). *Rogério Sganzerla – Encontros.* Rio de Janeiro: Azougue, 2007.

CAPUZZO, Heitor (org.). *O Cinema Segundo a Crítica Paulista.* São Paulo: Nova Stella, 1986.

COELHO, Renato (org.). *Mostra Jairo Ferreira: Cinema de Invenção.* São Paulo: CCBB, 2012.

COHN, Sérgio. *Ensaios Fundamentais; Cinema.* Rio de Janeiro: Azougue, 2011.

_____. *Encontros/Tropicália.* Rio de Janeiro: Azougue, 2008.

COHEN, Renato. *A performance como linguagem.* São Paulo: Perspectiva, 2002.

D'ELIA, Renata; HUNGRIA, Camila. *Os dentes da memória.* Rio de Janeiro: Azougue, 2012.

ESPÍNOLA, Adriano. "O irisado Sousândrade" in *Sousândrade; Melhores Poemas.* São Paulo: Global, 2008.

FAVARETTO, Celso. *A invenção de Hélio Oiticica.* São Paulo: Edusp, 1992.

FERREIRA, Jairo. *Cinema de invenção.* São Paulo: Max Limoad/Embrafilme, 1986.

_____. *Cinema de invenção.* São Paulo: Limiar, 2000.

_____. *Só por hoje.* São Paulo: 2000. Inédito.

_____. *Umas e Outras: um safari semiológico.* São Paulo: 1977.

_____. *Revista Metacinema nº 0.* São Paulo: 1974.

_____. *Revista Metacinema nº 1.* São Paulo: 1977.

_____. "Cinema Marginal brasileiro: uma questão de resistência" in *Mostra Cine olho de cinema marginalizado*. São Paulo: 1978.

_____. "Raul Seixas na cidade de Toth" in *O Trem das Sete*. São Paulo: Sampa, 1995.

_____. *Aleister Crowley*. Disponível em: http://www.imagick.org.br/pagmag/titio/crowleyhi.html

FONSECA, Maria Augusta. *Oswald de Andrade*. São Paulo: Brasiliense, 1982.

GAMO, Alessandro Constantino (org.). *Críticas de Jairo Ferreira - Críticas de invenção: os anos do São Paulo Shimbun*. São Paulo: Imprensa Oficial, 2006.

_____. *Aves sem rumo: a transitoriedade no cinema de Ozualdo Candeias*. Dissertação de Mestrado – IA/Unicamp, Campinas, 2000.

_____. *Vozes da Boca*. Tese de doutorado – IA/Unicamp, Campinas, 2006.

GATTI, André Piero. *Cinema brasileiro em ritmo de indústria (1969-1990)*. São Paulo: Secretaria Municipal da Cultura, 1999.

_____. *O consumo e o comércio cinematográfico no Brasil vistos através da distribuição de filmes nacionais: empresas distribuidoras e filmes nacionais*. Dissertação de mestrado – ECA/USP, São Paulo, 1999.

_____. *Embrafilme e o cinema brasileiro*. São Paulo: Centro Cultural São Paulo, 2007.

GEF – Grupo de Estudos Fílmicos. *O filme Japonês*. São Paulo: 1963.

GIDHETTI, Carolina. *Paraísos Artificiais: novos rumos em tempos de crise* in *Revista Aurora nº 5*. São Paulo: PUC-SP, 2009.

ISMAEL, J. C. (trad.). *Nós e o Cinema*. São Paulo: Melhoramentos, 1980.

_____. "Cinema de Invenção" in *O Estado de S. Paulo*. São Paulo: 05/07/1986.

KHOURI, Omar. "Noigrandes e Invenção; Revistas porta-vozes da Poesia Concreta" in *Revista FACOM nº 16*. São Paulo: FAAP, 2006.

KISHIMOTO, Alexandre. *A experiência do cinema japonês no bairro da Liberdade*. Dissertação de Mestrado – FFLCH/USP, São Paulo, 2009.

LYRA, Marcelo. *Carlos Reichenbach: O cinema como razão de viver*. São Paulo: Imprensa Oficial, 2004.

MACHADO JR., Rubens. "Marginalia 70: o experimentalismo no super-8 brasileiro". *Catálogo*. São Paulo: Itaú Cultural, 2001.

MALUSÁ, Vivian. *Cineclube do Centro Dom Vital: Católico e Cinema na Capital* in *Estudos do Cinema Socine*. São Paulo: Annablume/Fapesp, 2007.

_____. *Católicos e cinema em São Paulo: o Cineclube do Centro Dom Vital e a Escola Superior de Cinema São Luís*. Dissertação de Mestrado – IA/Unicamp, Campinas, 2007.

MEKAS, Jonas. *Movie jornal: the rise of a new american cinema*. Mamillan Co, 1972.

MELO, Luís Alberto Rocha. "Jairo Ferreira e a crítica de invenção: impressionismo de atrações" in *Contracampo nº 80*. 2006. Disponível em: http://www.contracampo.com.br/80/livrojairo.htm

MIRANDA, Luís Felipe. *Dicionário de cineastas brasileiros*, São Paulo: Art Editora/Sec. Estado da Cultura, 1990.

MITRY, Jean. *Historia del cine experimental*. Valencia, Fernando Torres, 1974.

NAGIB, Lúcia. *Em torno da Nouvelle Vague japonesa.* Campinas: Ed. Unicamp, 1993.

NAZÁRIO, Luiz. "Estética recomposta" in *Isto é.* São Paulo: 19/02/1986.

NICHOLS, Bill. *Introdução ao Documentário.* Campinas: Papirus, 2007.

PIGNATARI, Décio. *Informação. Linguagem. Comunicação.* São Paulo: Perpectiva, 1968.

_____. *Semiótica e Literatura; icônico e verbal, oriente e ocidente.* São Paulo: Cortez & Moraes, 1979.

PIVA, Roberto. *Antologia poética.* Porto Alegre: LP&M, 1985.

POUND, Ezra. *ABC da literatura.* São Paulo: Cultrix, 2006.

PUCCI JR, Renato Luiz. *O Equilíbrio das Estrelas: filosofia e imagens no cinema de Walter Hugo Khouri.* São Paulo: Annablume/Fapesp, 2001.

PUPPO, Eugênio; HADDAD, Vera (org.). *Cinema Marginal do Brasil e suas fronteiras. Catálogo.* São Paulo: CCBB, 2003.

RAMOS, Guiomar. *Um cinema brasileiro antropofágico? (1970 – 1974).* São Paulo: Annablume / Fapesp, 2008.

_____. "Vídeo, Super-8 e Performance: Momentos de criação" in *Estudos do Cinema Socine.* São Paulo: Annablume/Fapesp, 2007.

RAMOS, Fernão. *Cinema Marginal (1968/1973): a representação em seu limite.* São Paulo: Brasiliense, 1987.

_____. "Testemunha de uma outra cinematografia brasileira" in *Folha de S. Paulo.* São Paulo, 23/02/1986.

_____. (org.). *História do Cinema Brasileiro.* São Paulo: Art Editora, 1990.

_____. MIRANDA, Luís Felipe (org.). *Enciclopédia do cinema brasileiro*. São Paulo: Senac, 2000.

RAMOS, José Maria Ortiz. *Cinema, Estado e lutas culturais (anos 50/60/70)*. Rio de Janeiro: Paz e Terra, 1983.

REMIER. *Ivan Cardoso, o mestre do terrir*. São Paulo: Imprensa Oficial, 2008.

RENAN, Sheldon. *Uma introdução ao cinema underground*. Rio de Janeiro: Liador, 1970.

ROWE, Carel. *The Baudelairian Cinema*. Ann Arbor: UMI, 1982.

ROCHA, Glauber. *Revisão crítica do cinema brasileiro*. São Paulo: Cosac & Naify, 2003.

_____. *Revolução do Cinema Novo*. São Paulo: Cosac & Naify, 2003.

ROSEMBERG FILHO, Luiz. "O prazer como história, como luta, como vida" in *Cine Olho*. Rio de Janeiro, 06/1987.

SALLES GOMES, Paulo Emílio. *Cinema: trajetória no subdesenvolvimento*. Rio de Janeiro: Paz e Terra, 1980.

SANTAELLA. Lúcia. *Convergências; Poesia Concreta e Tropicalismo*. São Paulo: Nobel, 1985.

SANTO, Jorge Espírito. "Lugar de marginal é no cinema" in *Cine Imaginário nº 05*. 1986.

SILVA NETO, Antônio Leão da. *Dicionário de filmes brasileiros – longas-metragens*. São Paulo: 2002.

SIMÕES, Inimá. *Aspectos do cinema erótico paulista*. Dissertação de Mestrado – ECA/USP, São Paulo, 1984.

_____. *O Imaginário da Boca*. Cadernos 6. São Paulo: Secretária Municipal da Cultura, 1981.

_____. *Salas de cinema em São Paulo*. São Paulo: Secretaria Estadual da Cultura, 1990.

SGANZERLA, Rogério. *Por um cinema sem limites*. Rio de Janeiro: Azougue, 2001.

_____. *O pensamento vivo de Orson Welles*. São Paulo: Martin Claret, 1986.

_____. *Helena – Rogério* in *O Pasquim*. Rio de Janeiro, 11/02/1970.

SOUSÂNDRADE, Joaquim de. *Melhores Poemas*. São Paulo: Global Editora, 2008.

SOUZA, Márcio. *A expressão amazonense*. São Paulo: Alfa-Ômega, 1977.

STAM, Robert. *On margins: Brazilian Avant-Garde Cinema. Brazilian Cinema*. Rutherford: Fairleigh Dickinson University Press, 1982.

_____. *Introdução à teoria do cinema*. Campinas: Papirus, 2003.

STERNHEIM, Alfredo. *Cinema da Boca: dicionário de cineastas*. São Paulo: Imprensa Oficial, 2005.

TEIXEIRA, Francisco Elinaldo. "Três balizas do experimental no cinema brasileiro" in: *Estudos de cinema Socine, Ano VII*. São Paulo, Annablume, 2006.

_____. *O terceiro olho*. São Paulo: Perspectiva/Fapesp, 2003

_____. "Formas e metamorfoses do cinema experimental" in *Estudos do Cinema Socine*. São Paulo: Annablume / Fapesp, 2007.

VIEIRA, João Luis; STAM, Robert (org.). "Parody and Marginality: The Case of Brazilian Cinema" in *Framework nº 28*. Londres: 1985.

XAVIER, Ismail. *O discurso cinematográfico; opacidade e transparência.* São Paulo: Paz e Terra, 2005.

_____. *O cinema brasileiro moderno.* São Paulo: Paz e Terra, 2001.

_____. *Alegorias do subdesenvolvimento; Cinema Novo, Tropicalismo; Cinema Marginal.* São Paulo: Brasiliense, 1993.

XAVIER, Ismail (org.). *A experiência do cinema: antologia.* Rio de Janeiro: Graal, 2003.

Arquivos pesquisados

Cinemateca Brasileira – São Paulo

Museu Lasar Segall – São Paulo

MIS – Museu da Imagem e Som – São Paulo

Centro Cultural São Paulo – São Paulo

Folha de S. Paulo – São Paulo

São Paulo Shimbun – São Paulo

O Estado de S. Paulo – São Paulo

Entrevistas realizadas

Jane Ferreira, 22/05/2010

Inácio Araújo, 15/10/2010

Paulo Sacramento, 21/11/2010

Carlos Reichenbach, 07/09/2011

Anexos

Fimografia de Jairo Ferreira

O GURU E OS GURIS

1973 / 35mm / Preto e Branco / 12 minutos

Sinopse: Um filme sobre Maurice Legeard, mítico fundador e coordenador do Clube de Cinema de Santos, e sua paixão pelo cinema.

Elenco: Maurice Legeard, Herédia, Eduardo, Carlinhos, Kolhy, Aninha, Márcio, Miro, Albertina.

Direção / Roteiro: Jairo Ferreira
Produção / Fotografia: Carlos Reichenbach
Montagem: Inácio Araújo
Direção de Produção: Percival Gomes de Oliveira
Música: Lélio Marcus Kolhy
Letreiros: Miro
Assistente de Câmera / Som Direto: Vechiato Valese

Eletricista: Isaac S. de Almeida
Assistente de Produção: Jair dos Santos
Assistente de Montagem: Ana Lúcia Franco
Produtora: Serviços Publicitários Jota Filmes Ltda.

ECOS CAÓTICOS

1975 / Super-8mm / Cor / 7 minutos
Sinopse: Uma homenagem cinepoética ao poeta maranhense Sousândrade, rodada em sua cidade, São Luís do Maranhão.
Realização: Jairo Ferreira

O ATAQUE DAS ARARAS

1975 / Super-8mm / Cor / 10 minutos e 30 segundos
Sinopse: Documentário ecológico rodado na Amazônia sobre um grupo teatral local, uma equipe de comercial vinda da Boca do Lixo e cine-turistas japoneses.
Elenco: Márcio Souza, João Callegaro, Oswaldo de Oliveira, Rubens Elliot, Galileu Garcia, Lilian Filgueiras, Fátima Andrade, Mardonio Rocha
Realização: Jairo Ferreira
Locução: Carlos Reichenbach e Jairo Ferreira
Câmera: Jairo Ferreira
Seleção Musical: Orlando Parolini
Sonorização: Paulo Sergio Muniz
Títulos: Rivaldo Chinem

ANTES QUE EU ME ESQUEÇA

1977 / Super-8mm / Cor / 15 minutos e 30 segundos
Sinopse: Registro de sarau poético-musical durante o lançamento do livro homônimo de Roberto Bicelli no Teatro Célia Helena, em São Paulo.
Elenco: Roberto Piva, Cláudio Willer, Jorge Mautner, Nelson Jacobina, Roberto Bicelli, Eduardo Fonseca, Luís Fernando, Hideo Sumô, Jairo Ferreira.
Realização: Jairo Ferreira

O VAMPIRO DA CINEMATECA

1977 / Super-8mm / Cor, Preto e Banco / 64 minutos
Sinopse: "Na cidade de São Paulo, entre 1975 e 1977, um jovem jornalista decide romper com as limitações impostas à sua profissão e começa a elaborar o roteiro de um filme. Ele se isola entre quatro paredes e investe furiosamente contra os figurões da cultura de sua época. Sem conseguir criar um personagem, o jovem entra em crise. Porém, filmando cenas isoladas com amigos e examinando cenas de alguns filmes, recolhidos diretamente das telas, ele descobre novas possibilidades de realização. E consegue finalmente inventar personagens: João Miraluar, um contestador que deixa o país num disco voador; Marshall MacGang, um mutante intergalaxial que veio semear a desordem na Terra; e Ligéia de Andrade, uma crioula bêbada que dá escândalos num botequim."
Elenco: Jairo Ferreira, Julio Calasso Jr., Luiz Alberto Fiori, Carlos Reichenbach, Ligia Reichenbach, Orlando Parolini, Guilherme Vaz, Jards Macalé, José Mojica Marins, Ednardo D'Ávila, Paulo

Egídio Martins, Olavo Setubal, Edison Calgaro, Sidney Estevan, José Farias.
Realização: Jairo Ferreira
Produtora: Jairo Ferreira Produções Cinematográficas

HORROR PALACE HOTEL

1978 / Super-8mm / Cor / 41 minutos
Sinopse: Os cineastas de invenção durante a mostra *O Horror Nacional*, durante o 11º Festival de Brasília do Cinema Brasileiro, em julho de 1978. Depoimentos marcantes de Mojica Marins, o "Gênio Total"; e de Almeida Salles, o "Presidente da Amizade".
Elenco: José Mojica Marins, Rogério Sganzerla, Francisco Luiz de Almeida Salles, Rudá de Andrade, Júlio Bressane, Ivan Cardoso, Elyseu Visconti, Neville de Almeida, Bernardo Vorobow, Dilma Lóes, Jairo Ferreira, Satã, Renato Consorte, Arnaldo Jabor.
Realização: Jairo Ferreira
Entrevistas: Rogério Sganzerla
Câmera: Jairo Ferreira e Rogério Sganzrla
Títulos: Jair de Oliveira e Thomaz de Aquino

NEM VERDADE NEM MENTIRA

1979 / 35mm / Cor / 9 minutos e 30 segundos
Sinopse: Um documentário ficcional sobre o jornalismo.
Elenco: Patrícia Scalvi, Tavares de Miranda, Helô Machado, Flávio Rangel, Dirceu Soares.
Argumento, Roteiro e Direção: Jairo Ferreira
Produtor: Roberto Polo Galante
Fotografia e Câmera: Carlos Reichenbach
Montagem: Éder Mazini

Técnico de Som: Walter Luís Rogério
Diretor de Produção: Rubens Souza
Assistente de Câmera / Chefe Eletricista: Antônio França
Eletricista: Otávio Souza
Assistente de Produção: Alberto Almeida
Empresa Produtora: Produções Cinematográficas Galante Ltda.

O INSIGNE FICANTE

1980 / Super-8mm / Cor / 60 minutos
Sinopse: Jairo Ferreira discute o conceito de invenção, segundo Ezra Pound. Jairo leva sua câmera à Goiás, Paris, Bahia, Rio de Janeiro, Belo Horizonte, e encontra diversas personalidades.
Elenco: Jairo Ferreira, Inácio Araújo, Edson Cálgaro, Dyonélio Machado, Carlos Reichenbach, Júlio Bressane, Edgar Navarro, Paulo César Pereio, Maria Gladys, Sylvio Lanna, Geraldo Veloso, Elyseu Visconti.
Realização: Jairo Ferreira

METAMORFOSE AMBULANTE OU AS AVENTURAS DE RAUL SEIXAS NA CIDADE DE TOTH

1993 / U-Matic / Cor / 19 minutos
Sinopse: Jairo Ferreira homenageia Raul Seixas à la Kenneth Anger
Elenco: Toninho Buda, Sylvio Passos, Jairo Ferreira, Paulo Sacramento.
Direção: Jairo Ferreira
Roteiro: Jairo Ferreira e Toninho Buda
Argumento: Jairo Ferreira, Ana Lúcia Franco, Carlos A. L. Salum

Assistente de Direção: Paulo Sacramento
Produção: Jairo Ferreira
Luz e Câmera: Jayro F. Pinto
Montagem: João Luiz Araújo

Trabalhos ou participações em filmes

O CAMINHO DO ORION (1963), de Ermetes Ciocheti
Assistente de Montagem

O MATADOR (1964), de Egydio Eccio
Assistente de Montagem

TEMPO PASSADO (1966), de Astolfo Araújo
Assistente de Direção, Assistente de Montagem

A BOMBA TARADA (1966), de Paulo Meirelles
Assistente de Montagem, Assistente de Produção, Trilha Sonora Original

OPÇÃO (1967), de Lívio Cintra
Montagem

ESPECTROS (1967), de Munir Busamra
Montagem

BIENAL 67 (1967), de Munir Busamra
Montagem

CAPOEIRA (1967), de Zacarias José
Montagem

POUPANÇA E PROGRASSO (1968), de João Batista de Andrade e João Silvério Trevisan

Assistente de Produção

SINDICATO DA BORRACHA, 1968 (1969), de Zacarias José
Montagem

O QUARTO (1968), de Rubem Biáfora
Assistente de Direção

AUDÁCIA (1969)
Episódio A BADALADÍSSIMA DOS TRÓPICOS X OS PICARETAS DO SEXO), de Carlos Reichenbach
Co-roteirista, Assistente de Direção, Assistente de Produção, Continuísta, Fotógrafo de Cena, Ator

Episódio AMOR 69, de Antônio Lima
Fotógrafo de Cena

GAMAL, O DELÍRIO DO SEXO (1969), de João Batista de Andrade
Continuísta

LUA DE MEL EM ALTA TENSÃO (1969), de Penna Filho
Assistente de Câmera

SANTA CASA (1969), de Luís Sérgio Person
Assistente de Câmera

EM CADA CORAÇÃO UM PUNHAL (1969)
Episódio O FILHO DA TV, de João Batista de Andrade
Ator

RITUAL DOS SÁDICOS (1969), de José Mojica Marins
Ator

CORPO FECHADO (1970), de Schubert Magalhães
Fotógrafo de Cena

ORGIA OU O HOMEM QUE DEU CRIA (1970), de João Silvério Trevisan
Assistente de Direção, Fotógrafo de Cena, Ator

O PORNÓGRAFO (1970), de João Callegaro
Co-roteirista, Ator

A GUERRA DOS PELADOS (1970), de Sylvio Back
Fotógrafo de Cena, Ator

OS AMORES DE UM CAFONA (1970), de Penna Filho e Osiris Parcifal de Figueiroa
Assistente de Produção

Vários – Jingles (1970), de Luís Sérgio Person
Assistente de Câmera

CORRIDA EM BUSCA DO AMOR (1972), de Carlos Reichenbach
Co-roteirista, Continuísta, Fotógrafo de Cena, Ator

JANAÍNA, A VIRGEM PROIBIDA (1972), de Olivier Perroy
Continuísta

AS FÊMEAS – SINAL VERMELHO (1972), de Fauzi Mansur
Assistente de Montagem

O HOMEM DO CORPO FECHADO, (1972), de Schubert Magalhães
Fotógrafo de Cena

A NOITE DO DESEJO (1973), de Fauzi Mansur
Assistente de Montagem, Seleção Musical

O PODEROSO MACHÃO (1973), de Roberto Mauro
Assistente de Montagem

OS GAROTOS VIRGENS DE IPANEMA (1973), de Osvaldo de Oliveira
Assistente de Montagem

SEDUÇÃO: QUALQUER COISA A RESPEITO DO AMOR (1974), de Fauzi Mansur
Seleção Musical

O PISTOLEIRO (1974), de Luigi Picchi
Assistente de Montagem

Vários – Jingles da Jota Filmes (1974), de Carlos Reichenbach
Assistente de Montagem

LILIAM M: RELATÓRIO CONFIDENCIAL (1975), de Carlos Reichenbach
Ator

O M DA MINHA MÃO (1979), de Carlos Reichenbach
Co-roteirista, Co-argumentista, Entrevistador

SANGUE CORSÁRIO (1979), de Carlos Reichenbach
Co-roteirista, Adaptação

SONHOS DE VIDA (1979), de Carlos Reichenbach
Co-roteirista, Assistente de Direção

A MULHER QUE INVENTOU O AMOR (1980), de Jean Garrett

Ator

O GOSTO DO PECADO (1980), de Cláudio Cunha
Montagem de Som, Música Original

CONVENÇÃO DE ITÚ (1980), de Oswaldo de Oliveira
Texto de Locução, Pesquisa

A VOZ DO BRASIL (1981), de Walter Luís Rogério
Depoimento

ME DEIXA DE QUATRO (1981), de Fauzi Mansur
Seleção Musical

A FILHA DE CALÍGULA (1981), de Ody Fraga
Fotógrafo de Cena

A OPÇÃO OU AS ROSAS DA ESTRADA (1981), de Ozualdo Candeias
Ator

A REENCARNAÇÃO DO SEXO (1981), de Luiz Castillini
Fotógrafo de Cena

BONECAS DA NOITE (1982), de Mário Vaz Filho e Antônio Meliande
Seleção Musical

OUSADIA (1982), de Mário Vaz Filho e Luiz Castillini
Seleção Musical, Música Original, Ator

VIÚVAS ERÓTICAS (1982), de Mário Vaz Filho, Cláudio Portioli e Antônio Meliande
Seleção Musical

A NOITE DO ESTRANGULADOR (1982), de Mário Vaz Filho e Antônio Meliande
Seleção Musical

A NOITE DO AMOR ETERNO (1982), de Jean Garrett
Seleção Musical

A PRIMEIRA NOITE DE UM ADOLESCENTE (1982), de Antônio Meliande
Trilha Musical, Música Original

AS SAFADAS (1982)
Episódio A RAINHA DO FLIPPER, de Carlos Reichenbach
Direção Musical

Episódio UMA AULA DE SANFONA, de Inácio Araújo
Direção Musical, Continuísta

Episódio BELINHA, A VIRGEM, de Antônio Meliande
Direção Musical

VADIAS PELO PRAZER (1982), de Antônio Meliande
Direção Musical

MUITAS TARAS E UM PESADELO (1982), de Salvador do Amaral
Sonografia, Efeitos Especiais de Som, Seleção Musical

PRAZERES PERMITIDOS (1982), de Antônio Meliande
Seleção Musical, Direção Musical

A MENINA E O ESTUPRADOR (1982), de Conrado Sanchez
Direção Musical

AS GATAS: MULHERES DE ALUGUEL (1982), de Antônio Meliande e Ody Fraga
Seleção Musical, Ator

A BOCA DO CINEMA PAULISTA (1982), de Antônio F. De Sousa
Direção de Produção

ANARQUIA SEXUAL (1982), de Antônio Meliande
Seleção Musical

MOSTRANDO TUDO (1982), de Inamá Simões
Participação Especial

A TARA DAS SETE AVENTUREIRAS (1983), de Custódio Gomes
Direção Musical, Música Original

AS VIÚVAS ERÓTICAS (1983), de Cláudio Portioli, Antônio Meliande e Mário Vaz Filho
Seleção Musical

O DELICIOSO SABOR DO SEXO (1984), de Antônio Meliande
Seleção Musical

BOBEOU... ENTROU (1984), de Antônio Meliande
Seleção Musical

QUANDO A B... NÃO FALTA (1984), de Antônio Meliande
Seleção Musical

DE PERNAS ABERTAS (1984), de Antônio Meliande
Direção Musical

FERRO NA BONECA... E SEM VASELINA (1985), de José Miziara
Seleção Musical

DELICIOSAS SACANAGENS (1985), de José Miziara
Seleção Musical

RABO I (1985), de José Miziara
Seleção Musical

MACHO, FÊMEA E COMPANHIA (A VIDA ERÓTICA DE CAIM E ABEL) (1986), de Mário Vaz Filho
Seleção Musical

FILME DEMÊNCIA (1986), de Carlos Reichenbach
Ator

MAIS LUZ (1986), de Reinaldo Pinheiro
Ator

O VIGILANTE (1992), de Ozualdo Candeias
Ator

CANDEIAS, DA BOCA PRA FORA (1992), de Celso Gonçalves
Depoimento

ALMA CORSÁRIA (1993), de Carlos Reichenbach
Participação Especial

MURILILENDO (1997), de Carlos Reichenbach
Leitura de Poemas

A BELA E OS PÁSSAROS (2001), de Paolo Gregori e Marcelo Toledo

Ator

DEMÔNIOS (2003), de Cristhian Saghaard
Participação Especial, Fotógrafo de Cena

O GALANTE REI DA BOCA (2003), de Alessandro Gamo e Luís Rocha Melo
Depoimento

Bibliografia de Jairo Ferreira

Livro publicado
- *Cinema de Invenção*, 1ª ed., Max Limoad / Embrafilme, 1986
- *Cinema de Invenção*, 2ª ed., Limiar, 2000

Livro inédito
- *Só por hoje*, 1999/2001

Revistas editadas
- *Metacinema n º0*, 1974 (publicada)
- *Metacinema nº 1*, 1977 (inédita)

Capítulos / trechos de livros publicados
- *Nós e o cinema*, trad. J.C. Ismael, Melhoramentos, 1980
Cap.: "O cinema no Brasil"
- *O cinema segundo a crítica paulista*, org. Heitor Capuzzo, Nova Stella, 1986
Cap.: "Cinema, música da luz"
- *Raul Seixas – Trem das Sete*, org. Luciane Alves, Nova Sampa, 1995
Cap.: "Eu sou um ator"
- *O Cinema Marginal e sua fronteiras*, org. E. Puppo/V.Haddad, CCBB, 2001
Cap.: "Cinemagick"

- *O cinema de Ozualdo Candeias*, org. Eugênio Puppo, CCBB, 2002
Cap.: "Ponto de partida avançado"
- *Encontros: Rogério Sganzerla*, org. Roberta Canuto, Azougue, 2007
Cap.: "Entrevista com Rogério Sganzerla"
- *A Guerra dos Pelados*, de Sylvio Back, Annablume, 2008
Cap.: "Fotografias still de Jairo Ferreira"
- *Ensaios fundamentais: Cinema*, org. Sérgio Cohn, Azougue, 2011
Cap.: "Cinema, música da luz"

Livros organizados sobre a obra de Jairo Ferreira
- *Críticas de Invenção: os anos do São Paulo Shimbun*, org. Alessandro Gamo, Imprensa Oficial, 2006.
- *Mostra Jairo Ferreira: Cinema de Invenção*, org. Renato Coelho, CCBB, 2012.

Artigos e críticas de Jairo Ferreira

São Paulo Shimbun

A Paixão, 1966
Dois Filmes, 1966
A Expulsão, 1966
O Corpo Ardente, 16/12/1966
Prêmio da Prefeitura, 1966
Os principais do ano, 1967
Ishihara e a juventude, 19/01/1967
Guerra e Humanidade, 1967
O Jogo dos Insetos, 24/02/1967

A Ilha Nua, 1967
Os blefes de Mujica, 23/03/1967
Chinoda condiciona samurais, 1967
Guerra Fria & Matsuyama, 1967
Godard: A cine-tecnocracia, 1967
Uchida: A esgrima da paz, 1967
"O Caso" de Person, 15/06/1967
Samurais, 008, fatalismo, 17/08/1967
Gosho, Yoshida & Kobayashi, 1967
Tomu Uchida: a Consciência, 07/09/1967
Informação Sociológica, 21/09/1967
Homenagem à Bob Dylan, 1967
Ernesto "Che" Guevara, 26/10/1967
O futuro do Japão e etc., 1967
Erotismo & Polêmica, 1967
Folclore, o pesadelo, 07/12/1967
Coutinho, Bressane, Ramalho Jr, Khouri, 27/09/1968
Panca de Valente: a crise que a rainha não viu, 15/11/1968
Mojica, cineasta antropofágico, 28/11/1968
Rogério, O Bandido, 12/12/1968
As Libertinas, fita de chifre (um filme quente é o melhor presente), 19/12/1968
A Vida Provisória, 09/01/1969
Um filme antigo, 07/02/1969
Mulher Inseto, 13/03/1969
Lance Maior, 21/03/1969
Djalma Baptista, um talento, 17/04/1969
Firmes Nossos, 01/05/1969
Palavra morre em tiroteio, 22/05/1969

O que se faz por aqui, 29/05/1969
João Batista, o filho da TV, 12/06/1969
Dragão e Brasil Ano 2000, 19/06/1969
A China está perto, 1969
A Noiva Estava de Preto, 1969
Beatles, Petri, Samperi, 1969
Audácia! Fita de Cinema, 31/07/1969
Vida Provisória – Eutanásia, 1969
Romeu e Julieta, de Punhos Cerrados, 1969
Grande Concerto Sinfônico de Cinema, 28/08/1969
Um filme provisório, 04/09/1969
Filmes Nacionais, 1969
"Papo Amarelo", Marginal Inconsciente, 1969
Doce Fracasso & Crítica de Godard, 1969
Resta Esperar Straub, 1969
Vampiros & Insetos, 09/10/1969
Isadora & Carcaça, 16/10/1969
Um Fantasma da Vera Cruz, 23/10/1969
Violência & Antropofagia, 1969
Adultério à Brasileira, 13/11/1969
Carlão, Carregaro, Esquifa, 21/11/1969
Viagem ao Fim do Mundo, 04/12/1969
Antropofagia, 11/12/1969
Rogério Sganzerla, O Vampiro, 18/12/1969
Fuller & Gil ou Fim da Década, 25/12/1969
Os Melhores da Década, 1970
Filme Cerebral & Sanguinário, 15/01/1970
Anti-herói, Plug, Computador, 1970
Vampiragem ridícula, 1970

Indicações da semana, 1970
Onibaba, A Mulher Abutre, 26/02/1970
As Duas Faces da Moeda, 1970
Sem Destino, Gamal, 12/03/1970
O Ritual, 19/03/1970
Noticiário da Boca do Lixo, 02/04/1970
"Erotíssimo", Vexame & a estreia de "Sertão em Festa", 1970
Matou a Família e Foi ao Cinema, 1970
Pelados, 04/06/1970
O arranha-céu pioneiro, 1970
O lixão vai vomitar, 25/06/1970
Peckinpah & Polomsky: deixa sangrar, 02/07/1970
O Diamante dos Idiotas, 16/07/1970
Carta Enigmática, 1970
Trevisan deixa sangrar, 30/07/1970
Godard nunca passou fome?, 06/08/1970
Audácia!, uma autocrítica, 13/08/1970
Lances do Lixão, 20/08/1970
Grossura & Violência, 27/08/1970
Erotismo & Curtição, 03/09/1970
A Boca do Lixo vai acabar, 01/10/1970
Do Sertão à Woodstock, 29/10/1970
Morra Boca, Viva Embra!, 05/11/1970
O Festival de Brasília em 1970, 1970
Negros, Cafajestes, Caipiras & Aristocratas, 26/11/1970
Salve-se quem puder, 03/12/1970
Pouco filet e muita muxiba, 1970
Os melhores da Boca 1, 24/12/1970
Os melhores da Boca 2, 07/01/1971

Dias piores virão, Cremilda, 14/01/1971
Jerry Lewis, Absurdo & Genial, 21/01/1971
Tchau, pra quem fica, 28/01/1971
Filmagem & Caos, 18/02/1971
"Orgia", Filme Limpo, 25/02/1971
Omeleto, arroz & feijão, 04/03/1971
América do Sul, Sol, Sal, 11/03/1971
Vai filmar? Claquete!, 18/03/1971
Vende-se sangue quente, 1971
Do Babalho a Bandalho, 08/04/1971
Entrevista com Arthurzinho, 1971
Era uma vez um grilo, 1971
No écran, "O Pornógrafo", 27/05/1971
É uma Piranha! Cuidado!!, 1971
Índios em Paris, Brasil & EUA, 10/06/1971
O estômago contra as costelas, 1971
Vamos filmar, pessoal?, 24/06/1971
Telefones & Aniversários, 01/07/1971
O monstro segundo Trumbo, 1971
Fantasticon, meu deus do cheque, 1971
Fim do pesadelo, 22/07/1971
"Queimada": o colonialismo, 1971
"Viva la Muerte!", 1971
A Confissão, 1971
Amor, Sublime Amor, 16/09/1971
Mediocridades, 1971
Andrômeda, o enigma, 1971
Variedades, 1971
A Guerra dos Pelados, 21/10/1971

Filmes em cartaz, 1971
Visconti, Caipiras & Oswald, 04/11/1971
Croniqueta (M)arretada, 25/11/1971
Nacionais a meio carvão, 09/12/1971
Ex (im) plosões Desvairadas, 16/12/1971
Blu blu blú no Bla bla blá, 23/12/1971
Condensadores & Diluidores, 06/01/1972
Procura-se um produtor, 13/01/1972
A invasão dos sapos, 20/01/1972
O guaraná dos guaranis, 27/01/1972
Os tentáculos do polvo, 10/02/1972
Bertolucci, o inconformista, 17/02/1972
Distanciamento Metacrítico, 24/02/1972
Antropofagia, prato do dia, 1972
Kurosawa, Repression 22, 1972
Parolini, Eminência Parda, 23/03/1972
Mojica, Cafajeste Mágico, 30/03/1972
Sem Destino, com pistola, 1972
Dez fofocas incendiárias, 14/04/1972
Barra pesada é isso a(qu)i, bicho, 1972
Trevidentes, o alferes da Boca Oswaldiana, 1972
Dai-nos novos São Bernardos, 11/05/1972
Ferradura de ouro, prata e bronze, 1972
Troféu Ferradura, a carapuça que serviu, 1972
Traumas de violência, paz & amor, 1972
Ossos de Ozu, azar da burocrítica, 1972
Contracultura & Metavanguarda, 1972
Informação & Linguagem, 1972
Straub, o anti-estrábico, 1972

Vacas atômicas invadem a tela, 1972
Lobotomex dos filmex sed lex, 1972

Folha de S. Paulo

Um exemplo de autocrítica, 31/08/1976
Um não à Pornochanchada, 08/09/1976
Um mexicano sem talento, 24/09/1976
Chanchada procura uma saída, 26/09/1976
Os Irmãos Marx; A comédia maluca voltou para fazer rir mais do que nunca, 01/11/1976
Faltou graça aos rapazes de banda, 10/11/1976
Um maldito, comédia maluca e violência, principais atrações, 15/11/1976
Khourioso, cafônico, paleolítico, 27/11/1976
Fields, um frenesi alcoólico, 04/12/1976
Estranhos em seu próprio ninho, 15/12/1976
Hollywood, entre outras boas surpresas, 20/12/1976
Mel Brooks, no rumo da megalomania, 23/12/1976
Bergman de volta aos rituais, 25/12/1976
Crise energética em ritmo de metralhadora, 27/12/1976
Mágica; a flauta de Bergman iluminando o fim do ano, 27/12/1976
No meio da confusão, vence o suspense, 30/12/1976
O melhor não pode ser visto, 31/12/1976
Cinema sai do escuro das salas, 05/01/1977
Socorro!; Uma pornochanchada é o melhor para ver, 10/01/1977
Chanchada; Konjoca e Canão contra a pornô, 13/01/1977
O lixo; A Boca faz dez anos, 14/01/1977
Henri Longlois, ou um filme chamado "A Cinemateca Francesa", 15/01/1977

Romantismo; Até que enfim um bom filme: "Marquesa D'O", 17/01/1977

"O Passageiro", do inventor Antonioni, 22/01/1977

O romantismo crítico de Eric Rohmer, 24/01/1977

Terror sim, mas erótico e antropofágico, 28/01/1977

Se o nível do pornô sobe, a graça diminui, 31/01/1977

Duas comédia, mais atuais do que nunca, 31/01/1977

Um conselho: torque o cinema pelo litoral, 07/02/1977

Ubirajara e a antropofagia nacional, 08/02/1977

Nossos filmes malditos, 12/02/1977

Muitas opções, apesar do carnaval, 14/02/1977

O cineclubismo descoberto, 14/02/1977

Kurosawa: hoje e sábado, 24/02/1977

Você está neste filme, 24/02/1977

"Perdida", um filme que quase se achou, 26/02/1977

Watergate chagou, 28/02/1977

O terror invade a pornô, 02/03/1977

Três estimulantes opções, 07/03/1977

Assaltantes mal informados sobre cinema, 08/03/1977

King Kong, 09/03/1977

Da agressão às lágrimas, 11/03/1977

Uma guerra entre tubarões e peixinhos, 11/03/1977

Hollywood reinventa até a Arca de Noé, 12/03/1977

De Roberto Santos, o melhor, 14/03/1977

Chapeuzinho vermelho e os lobos, 14/03/1977

"Di Glauber", a morte entre amigos, 16/03/1977

Faltam soldados na guerra aos enlatados, 17/03/1977

Depois da vez de Matraga, 17/03/1977

A televisão no cinema: fora de foco, 19/03/1977

No cinema, 21/03/1977
O filme é ótimo. A cópia, ultrajante, 22/03/1977
Menos boneca e mais moral neste vale, 26/03/1977
Oscar; A noite americana, ainda tentando redimir sua culpa, 28/03/1977
A estrela é o escândalo, 28/03/1977
Surpresa: Rocky ganhou o prêmio, 30/03/1977
Network; uma sátira à TV, premiada com 4 Oscars, 30/03/1977
Não importa as armas, guerra é guerra, 02/04/1977
Polansky em mais um caso policial, 04/04/1977
Espiões, Kung-fu e Trinity, 11/04/1977
Rocky, a atração da semana, 18/04/1977
De Vinícius à Hitchcock, 25/04/1977
Intenções demais, talento de menos, 29/04/1977
Surpresa: terror no pornô, 02/05/1977
"Di-Glauber", a morte do pintor, 03/05/1977
Rendas demais irritam os exibidores, 04/05/1977
Glauber-Di, superando-se a si mesmo, 06/05/1977
Curiosidade: nostalgia caipira, 09/05/1977
Bergman, comendo flores, 10/05/1977
Uma entrevista exemplar, 11/05/1977
Literatura vence a pornochanchada, 16/05/1977
Apenas emoções passadistas, 18/05/1977
A revista que faltava sobre cineclubismo, 02/06/1977
Um "jingle" dos mais tétricos, 03/06/1977
Pornochanchada abaixo da crítica, 04/06/1977
Equilíbrio entre o suspense e o erotismo, 07/06/1977
Um tabloide modesto, mas incrementado, 09/06/1977
Os moradores do Brás em Grande Momento, 17/06/1977

Porno-aventura com o 007 do Mato Grosso, 18/06/1977
Pornochanchada, a autocrítica de seu profeta, 22/06/1977
Alphaville, no Coral, 28/06/1977
Monsieur Arkadin, uma reprise obrigatória, 30/06/1977
Um pantera que brinca até com outros filmes, 30/06/1977
"Weekend", o melhor de JL Godard, 23/07/1977
Importação cultural de massa ou o conto do pacote, 28/07/1977
O melhor filme de Rogério Sganzerla, 30/07/1977
Super-8; Acabou a brincadeira, voltem todos para casa, 01/08/1977
Eisenstein em sua melhor realização, 02/08/1977
Eisenstein no México: folclore de Hollywood?, 03/08/1977
Um documentário sobre Ruth Escobar, 05/08/1977
"A Guerra dos Pelados", um episódio histórico, 06/08/1977
Seriado nacional, caro e sem violência, 09/08/1977
Mira Fonseca traz Os Pastores da Noite baiana, 16/08/1977
Um bom policial brasileiro, 19/08/1977
A arte e a vida segundo Fellini, 19/08/1977
O novo vigilante, sem violência, 20/08/1977
Um festival só para os filmes em Super-8, 22/08/1977
Uma pornochanchada de bom gosto, 25/08/1977
Nenhum brilho no festival de Super-8, 26/08/1977
Festival Super-8. Uma loteria?, 29/08/1977
Biáfora: tentações de um raro cineasta, 29/08/1977
A volta da terceira dimensão, 07/09/1977
Mahler, apenas um pesadelo de Ken Russell, 08/09/1977
Nasce uma estrela oportunista, 12/09/1977
Vale tudo na jornada do curta-metragem, 13/09/1977
Curtas: dois filmes mudam o festival, 13/09/1977
Muita abertura e pouco nível na IV Jornada, 14/09/1977

Festival de curtas: prêmios decepcionam, 16/09/1977
Esta revista não é só para colecionadores, 21/09/1977
A volta do cinema tcheco, 24/09/1977
A identidade de uma minoria, 03/10/1977
O curta nacional pede passagem, 04/10/1977
Reflexão sobre os desertos de Antonioni, 14/10/1977
A outra guerra de Silvio Back, 27/10/1977
Palmari inicia o seu diário de província?, 01/11/1977
Arap dirige os marginais do sexo e da política, 06/11/1977
Candeias: uma aula de como fazer cinema, 18/11/1977
Os últimos dias de um antológico pistoleiro, 19/11/1977
Uma posição anticolonialista, 21/11/1977
O canto de cisne de Visconti, 03/12/1977
Howard Hawks morre aos 81 anos, 28/12/1977
Os curtas que o público não pode ver até agora, 06/01/1978
Diretor de cinema recebe prêmio, 09/01/1978
Afinal, de quem é "Amada Amante"?, 11/01/1978
Coruja de Ouro, um prêmio e suas intrigas, 24/01/1978
O Brasil na "Tenda dos Milagres", 30/01/1978
A festa da Coruja de Ouro, 01/02/1978
Afinal, qual é o sexo de Landru?, 15/02/1978
Filmar no Amazonas, uma aventura, 20/02/1978
"Lúcio Flávio", trajetória de sucesso, 27/02/1978
"Morte e Vida", uma longa pré-estreia, 10/03/1978
A violência real no cinema, 12/03/1978
Onda mística, 26/03/1978
Chanchada fantástica, 16/04/1978
Lixo de luxo, 16/04/1978
Picaretagem cultural, 16/04/1978

A dama e os valetes do lotação, 21/04/1978
Encontros além da imaginação, 23/04/1978
A autocrítica de um charlatão, 26/04/1978
Solidão cósmica, 07/05/1978
Vigarista genial, 07/05/1978
Mais um grande esforço do cinema paulista, 10/05/1978
Cinemão, a receita da Embrafilme, 11/05/1978
"Madame Rosa", uma boa lição humanista, 12/05/1978
Um caminho didático para o cinema Super-8, 17/05/1978
Cinema telepático, 21/05/1978
A "Crônica" proibida de Rosemberg, 02/06/1978
Violência sádica, 04/06/1978
Sabotagem sem tamanho, 04/06/1978
Aliança maldita, 11/06/1978
Candeias, opção de um cinema independente, 13/06/1978
"A$suntina das Amérikas", só para os estrangeiros, 28/06/1978
Um curta muito bom, 09/07/1978
Um ciclo dedicado ao Udigrudi, 11/07/1978
"Orgia", filme limite entre o velho e o novo, 12/07/1978
Júlio Bressane: "Acorda Brasil", 13/07/1978
O longo caminho do Kâncer, 14/07/1978
O Festival de Brasília não é mais aquele, 15/07/1978
Mão Negra contra a Máfia Branca, 19/07/1978
Como fugir do Carbonari, 23/07/1978
Manifesto de um cineasta visionário, 23/07/1978
Uma nova imagem de Zé do Caixão, 24/07/1978
Festival de Brasília: entre o rigor e o horror, 25/07/1978
Em Brasília, a maior atração ainda é o horror, 27/07/1978
A vitória de um horror poético e generoso, 29/07/1978

Os vencedores de Brasília, 31/07/1978
Quatro cavaleiros do após-calipso, 07/08/1978
Na última sessão, o primeiro longa Super-8, 07/08/1978
A descoberta do cinema africano, 11/08/1978
Bárbaros e nossos, 13/08/1978
Contatos imediatos com a poluição, 14/08/1978
Cascata, 27/08/1978
Carlos Diegues e as emoções de verão, 28/08/1978
Lavagem na tela e no cérebro, 03/09/1978
Cineasta das múmias abre a Jornada hoje, 08/09/1978
Morreu Torre Nilsson, o maior cineasta argentino, 09/09/1978
Jornada do Curta, um debate cultural na Bahia, 13/09/1978
Cineasta fica nu para plateia horrorizada, 15/09/1978
Um novo cinema quer nascer em Salvador, 16/09/1978
"Inferno na Torre", de Jean Garret, 18/09/1978
O filme vendaval de Ana Carolina, 22/09/1978
Sete dias de risos sinistros e sórdida poesia, 07/10/1978
Horror: Mojica decepciona em Sitges, 21/10/1978
Quando os vitoriosos são os recalcados, 21/11/1978
Prazer e culpa de uma desejada, 04/12/1978
Os filmes que o Brasil não vê, 06/12/1978
Um estripador está solto nas ruas, 11/12/1978
Manchete de jornal, 17/12/1978
"Tubarão 2", o horror no natal, 19/12/1978
O olhar do homem em busca de Deus, 06/01/1979
Horror ecológico, 14/01/1979
O brasileiro São Joé de Anchieta, 19/01/1979
"A Múmia" passou por aqui e poucos viram, 23/01/1979
Incidente em Gramado: "25", 25/01/1979

Ilusões políticas em Gramado, 26/01/1979
Socos e insultos agitam Gramado, 27/01/1979
Quem tem medo da Embrafilme?, 11/02/1979
Homenagem a Billy Wilder em comédia de Reichenbach, 03/03/1979
Os mundos paralelos de Walter Hugo Khouri, 05/03/1979
Perspectiva Júlio Bressane, 25/03/1979
Metalúrgicos na corda bamba, 25/03/1979
Júlio Bressane, rebelde da América, 30/03/1979
Na retaguarda da vanguarda, 06/04/1979
Oscar, um sonho para a meia-noite, 09/04/1979
Os Mucker, 16/04/1979
Tempos da vaselina, 06/05/1979
Terremoto clandestino, 13/05/1979
"Nos embalos de Ipanema", um viva à saúde, 14/05/1979
Não existe abertura sem erotismo, 18/05/1979
Todos porcos!, 20/05/1979
Diluindo Xica, ainda a atriz de um único filme, 20/05/1979
Os embalos de Calmon, do surfe à prostituição, 03/06/1979
Zé Mojica na busca de uma manchete, 04/06/1979
O abominável mundo velho, 06/06/1979
O estúdio é a mansão, 10/06/1979
Abominável telefilme, admirável Shakespeare, 12/06/1979
Contra as velharias, 17/06/1979
O cinema delirante de Walter Lima, 18/06/1979
Renasce o cinema paulista, 22/06/1979
Candeias, o autêntico, 24/06/1979
Cinema e liberdade, 24/06/1979
Um novo espaço para a poesia sufocada, 26/06/1979

Cinema patético, 03/07/1979
Tudo mais ou menos com esse Jonas do ano 2.000, 01/08/1979
Sintonia experimental, 05/08/1979
Hollywood fatura com abelhas brasileiras, 08/08/1979
Contra o blá blá blá, 19/08/1979
Longas brigas em Super-8, 19/08/1979
O público digere a gelatina espacial, 21/08/1979
Mulher dá luz à peixe, 26/08/1979
Três bons lançamentos do erótico ao nazismo, 27/08/1979
Bom dia, Straub, 02/09/1979
Hitchcock e Chaplin dominam a programação, 03/09/1979
A vida de Noel Rosa, na visão de Sganzerla, 06/09/1979
Pequena receita para encarar tanta reprise, 10/09/1979
Feminismo, objeto de prazer de Garret, 12/09/1979
Hitchcock voa alto entre tantas opções, 17/09/1979
Sete dias além da alma, sob o signo de Freud, 24/09/1979
Violência patética à espera de público, 26/09/1979
James Dean, profeta da rebeldia, 29/09/1979
Bressane desafia e Wellman garante, 08/10/1979
O jazz criminal do pistoleiro Calmon, 08/10/1979
Mostra de Super-8 agita Curitiba, 08/11/1979
Misérias e glórias do Super-8 em Curitiba, 09/11/1979
Dólares e dores para o cinema brasileiro, 20/11/1979
Faltam grandes obras, mas sobram boas opções, 26/11/1979
As pulgas são um dos problemas das salas, 02/01/1980
Há muita arte em produções obscuras, 14/01/1980
Em Guarujá, o verão do cinema paulista, 17/01/1980
Welles e Polanski, os melhores da semana, 21/01/1980
Capa-espada caprichado e boa comédia de guerra, 22/01/1980

Absurdo com Polanski, tiroteio com Welles, 25/01/1980
"Z" inaugura trilogia de golpes, 25/01/1980
Mosca falante Grand Prix e Ray, 26/01/1980
Um milionário ajuda os pobres, 27/01/1980
As salas de horror da doutora Suspiria, 05/02/1980
O fantástico de Jean Garrett, 07/02/1980
Exorcismo político e sanguinário, 12/02/1980
"Gaijin", a revelação de uma jovem cineasta, 13/02/1980
I'm sorry, Brasil, 22/02/1980
O charme nada discreto de um velho exterminador, 24/02/1980
Boa devassa nas bocas, 26/02/1980
Brincando com um revólver de verdade, 28/02/1980
História da infâmia nacional, 30/03/1980
O céu vem abaixo com o cinema catástrofe, 31/03/1980
Um vampiro de olho nas bilheterias, 31/03/1980
Ele se divertia com o medo das plateias, 30/04/1980
Rebelião e massacre no "Potemkin" liberado, 01/05/1980
A esperança no bico do periquito, 04/06/1980
Um feitiço decente do ciclo Sganzerla, 12/06/1980
Gere, o novo rebelde da América, 05/07/1980
Patrick, ou o horror que vem da Austrália, 15/07/1980
Fim da moral no pornô brasileiro, 19/07/1980
Comédia maluca que faz chorar de rir, 23/07/1980
Uma sonora gargalhada de 54 anos, 25/07/1980
Para Herzog, cinema é arte de analfabetos, 28/07/1980
Ausência brasileira e insuficiência de fora, 04/08/1980
Super-8 não pode morrer, 08/08/1980
Roberto Santos e o amor contra o pornô, 14/08/1980
Fantasia de Tereza sem traumas

Opinião (Jornal)

Didático, informativo, burocrático, 12/1973

Cinegrafia (Revista)

Criticanarquica ano zero de conduta, 07/1974
Noite Americana, 07/1974

Lampião da Esquina (Jornal)

Udigrudi: os marginais do cinemão brasileiro, 08/1978

Fiesta Cinema (Revista)

Dez anos de pornochanchada, 08/1978
Cine-geleia, 08/1978
Cinema, cineminha, cinemão, 09/1978
Cine-geleia, 09/1978
Paraíso do cinema erótico, 02/1979
Cine-geleia nacional, 1979

Cine Olho (Revista)

O bode que pastou no gramado, 03/1979
A transgressão do limite, 08/1979

Jornal da Jornada (Jornada de Cinema da Bahia)

Impressões e expressões, 09/1977
De um lado cheira a povo e de outro cheira a cavalo, 09/1978
A retaguarda da vanguarda, 09/1982

Filme Cultura

O cinema e seu desejo, 11/1981
José Illés, gerente industrial do laboratório Flick (entrevista), 11/1981
Osvaldo Kemeny, gerente técnico do laboratório Revela (entrevista), 11/1981
O imaginário da Boca: pequenas omissões de uma obra fundamental, 10/1982
Documentário na trilha da chanchada, 05/1983
Quando o cinema era teatro, 04/1984
Voo entre galáxias, 03/1985

Cineasta (Revista)

Reativar o debate cultural, 10/1982

Revista Viu

Cinema pornô: celulite demais, celuloide de menos, 09/1983

Framework (nº 28)

Império do desejo, 1985
Júlio Bressane, 1985
João Callegaro, 1985
Ozualdo Candeias, 1985
Andrea Tonacci, 1985
Zé do Caixão & Mojica in the Garden of Delights, 1985

Imagemovimento (Jornal)

Brás Cubas: necrofilme, 11/1986
Nem tudo é paródia, 01/1987
Videologia, 1987

Jornal da Tela (Embrafilme)

Udigrudi: 20 anos de invenção, 04/1986

Revista de Cinema Cisco

1986, o ano do cinema de invenção, 1986

Artes (Revista)

O cinema brasileiro, 08/1986
Vento novo, 02/1987
Boca do Lixo, 06/1987

Moviola (Revista)

Cinema da crueldade, 1987

Caderno de Crítica

TV no curta na TV, 05/1989

Cine Imaginário (Jornal)

Do chumbo grosso ao biscoito fino, 01/1988
O cinema de Aron Feldman: transgressão cabocla, 03/1988
O banquete dos videófilos, 04/1988

Político, policial, poético, 05/1988
Maristela, a cena cínica, 08/1988
Pé na estrada, chapéu na mão, 08/1988
Pouco filé e muita muxiba, 09/1988
Neville d'Almeida, 12/1988
Sobre Fernando Coni Campos, 01/1989
André Luiz, da Bahia para outros mundos, 02/1989
Inaugurada a Sala Cinemateca, 04/1989
Samuel Fuller, o gênio do olho, 04/1989
Bixiga, ano zero, 05/1989
Ozualdo Candeias, 06/1989
Sylvio Lanna, 07/1989
Elyseu Viscoti Cavalleiro, 08/1989
Os 20 anos de um filme inédito, 11/1989
Revolucyonaridade, 11/1989
Biscoitos finos – sem vinhos – safra 89, 01/1990
A linguagem da luz, 02/1990
Cláudio Kahns, 04/1990

O Estado de S. Paulo

Feliz ano velho, mais que um filme de época, 26/08/1988
Sustos futurista e clichês em *Príncipe da Sombras*, 15/09/1988
A poesia visual do holandês Jos Stelling, 16/09/1988
A presença indisfarçável no filme, 11/08/1988
Muito humor em três curtas caprichados, 08/11/1988
Júlio Bressane e a imagem a 24 quilates por segundo, 16/11/1988
Uma semana paulista na tela do MIS, 06/12/1988
De Punhos Cerrados, no Studio ABC hoje e amanhã, 11/03/1989
A volta do curta-metragem a todo vapor e sem tortura, 31/03/1989

O polonês Wadja conta como faz seus filmes, 20/05/1989
O espetáculo como diversão, 28/07/1989
Crônica social de valor apenas arqueológico, 16/08/1989
A alma caipira do cinema que deu certo, 13/06/1991

Revista Cinema

Eles estão à solta, 11/1997

Contracampo (Revista virtual)

Candeias, sob o signo de escorpião, 2000
Coluna do Jairo, number 5 – april 2001, 2001
Cinemagick - a propósito da mostra de Cinema Marginal, 2001
Coluna do Jairo, número 10 – agosto, 2001

Caderno de imagens

Jairo Ferreira.

Os jovens amigos Carlão Reichenbach e Jairo Ferreira.

O poeta Orlando Parolini, durante as filmagens de *Via Sacra* (1967).

Jairo Ferreira, final dos anos 60.

Filmagens de *Orgia ou o homem que deu cria* (1970), de João Silvério Trevisan.

Maurice Legeard em cena de *O guru e os guris*.

Jairo Ferreira em *Ecos Caóticos*.

Jairo Ferreira protagoniza o longa *O Vampiro da Cinemateca*.

Carlão Reichenbach visceral em cena do *Vampiro*.

O poeta Roberto Piva em *Antes que eu me esqueça*.

Jairo em Iguape, em imagem de Reichenbach para *O Insigne Ficante*.

Rogério Sganzerla entrevista José Mojica Marins no Hotel Nacional: *Horror Palace Hotel*.

Os bastidores de *Horror Palace Hotel*: Sganzerla filma Francisco de Almeida Salles, o presidente da amizade.

Patrícia Scalvi como Ligéia de Andrade: *Nem verdade nem mentira*.

Capa da 1ª edição do livro *Cinema de Invenção* (1986).

Jairo, Carlos Coimbra e Júlio Calasso Jr. na Boca, anos 70.

Os amigos Andrea Tonacci e Luiz Rosemberg Filho, em fotografia de Jairo Ferreira.

Jairo Ferreira em *A opção ou as rosas da estrada* (1981), de Ozualdo Candeias.

Jairo na redação da Folha de S. Paulo, durante os anos 70.

Agradecimentos

Agradeço aos meu pais, Afonso e Theresinha, pelo amor e apoio constante a todas as minhas escolhas, e ao meu irmão, Di, pela amizade.

À minha avó, Graça, pelos constantes incentivos e pela alegria que sempre emana com o seu sorriso, e a todos os meus avós, Orlando e Lúcia, Sebastião e Lourdes, pelo carinho.

Ao mestre Luiz Rosemberg Filho, pelo exemplo de conduta, sempre fiel a seus princípios, e pela câmera Super-8 que um dia foi do Jairo, com a qual me presenteou.

Ao amigo Leonardo Esteves, pela sintonia intergalaxial e parceria cinematográfica.

A Jane Ferreira, Inácio Araújo e Paulo Sacramento, pelas entrevistas gentilmente cedidas, que me ajudaram a compreender melhor o universo de Jairo Ferreira.

A Alessandro Gamo, Arthur Autran e Paolo Gregori, pelas conversas e tantos ensinamentos sobre Jairo Ferreira e o cinema brasileiro.

A Nuno Cesar Abreu, pela oportunidade e por toda a ajuda com o apoio para publicação da Fapesp.

Ao Programa de Pós-Graduação em Multimeios da Unicamp, onde realizei a pesquisa de mestrado que deu origem a esse livro.

Agradeço a toda minha família, amigos e pessoas que colaboraram, mesmo que indiretamente, com a concretização desse trabalho.

Agradeço especialmente a Priscyla Bettim, minha companheira, pela compreensão durante a feitura deste trabalho e pelo apoio nos momentos mais árduos; bem como pelo amor e amizade durante todos os dias da minha vida.

Este livro é dedicado à memória de Carlos Oscar Reichenbach Filho, pela generosidade, pela extensa entrevista cedida e, principalmente, pelos longos papos e ensinamentos sobre Jairo Ferreira, o cinema e a vida.

Esta obra foi impressa na P3 Gráfica Digital em São Paulo no primavera de 2016. No texto foi utilizada a fonte Adobe Garamond Pro em corpo 11 e entrelinha de 16 pontos.